破解香港的威權法治

黎恩灝——著

刀槍不入

理念是刀槍不入

勝利不在朝夕
獨裁必亡

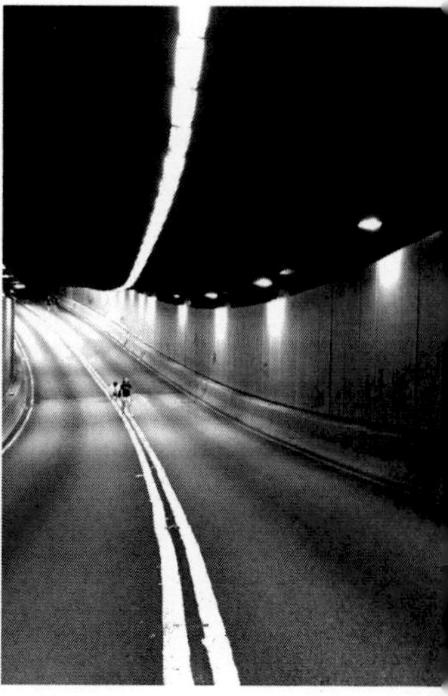

推薦序

周保松

從雨傘運動到反送中運動，短短幾年間，香港民主運動從目標到手段，經歷了翻天覆地的轉變，並對現存政治秩序作出前所未有的挑戰。但亦因為此，抗爭運動遭到嚴厲打壓，社會陷入低潮。欲覓前路，必先回望。黎恩灝先生自大學時期始，已積極投身民主運動，是其中一位重要組織者，其後更負笈英倫攻讀博士，專研香港法治史，卓然有成。本書收錄了作者近年發表的時事評論，以法律為經，以政治為緯，對香港威權法治及社會運動有許多扎實獨到的分析，是瞭解香港政治不可多得之作。

*周保松，香港中文大學政治與行政學系副教授。

推薦序

陳健民

近年我已絕跡政治評論。記者邀請我作訪問，往往便回應一句：靜觀其變，不想多言。《國安法》在港實施以後，不單是言論陷阱處處，更因為世道太過荒唐，令人失去了講道理的耐性。但假如沒有人書寫時代的真相、刺破政權的謊言和大眾的迷思，在噤聲中成長的新一代，會否隨著香港「第二次回歸」而融入中國大陸醉生夢死以至小粉紅的浪潮中？

為此，要感謝黎恩灝孜孜不倦地在報刊上寫政評。香港曾經被一些學者稱為「半民主體制」，我卻時常開玩笑說那頂多是「四分之一民主」，因為議會只有一半是選舉產生，而特首選舉則完全是小圈子的玩意。但在黎恩灝眼中，香港從來都是一個專制政權。在國安法頒佈和中共「完善」香港選舉制度以後，我們正急速地與大陸的「後極權政治」融合。如果他的分析是對的，這政府遲早要消滅像他這樣的異議聲音，那我們就更應珍而重之。

黎恩灝認為香港一直存在一個法治的迷思，認為那是政府公開、公正行事態度的制度基礎。事實是在一九七四年廉政公署成立之前，充斥在這個城市是貪污成風、黑警橫行、《公安條例》在打壓六七暴動的土共以外，同樣嚴苛地限制一般市民的集會、遊行、言論自由。

今天即使有百萬計的市民和平遊行集會，政府不單沒有按《基本法》保障的公民權利去提供協助，反而經常發出「反對通知書」，繼而以「未經批准集會罪」控告組織者。過往在街頭、在報刊罵政府，政黨舉辦初選都是平常事，今天政府從舊有的殖民地惡法和新實施的《國安法》中都找到條文去進行迫害。尤有甚者，許多法官樂於配合，甚至令市民覺得他們的政治立場已凌駕了專業的判斷。

坊間許多人相信這些法官都是受北京指揮，司法獨立已死，但這些指控暫時沒有實質證據。我經常到法庭聽審，有時看到一些高級女法官戴著沉甸甸的鑽石飾物，猜想她們的生活世界與普羅市民有多大差距。我相信他們當中有許多人是真誠地認為抗爭破壞了社會秩序、擾亂了他們原來在半山平靜安逸的生活，無需北京下達命令，便決心用重典來治亂世。

我所認識的法治（rule of law）與法制（rule by law）的不同，是法律不應只成為政府「以法制人」的工具，而必須同時成為公民制衡政府權力的手段。一場「反修例運動」，數以千計的抗爭者被捕被告，但連一個濫權的警察都沒受法律制裁，如何能夠體現法治的精神？當法律不是由人民授權制定、當北京可以隨意釋法和為香港添加法律、當律政司選擇性提控，單靠司法獨立如何能維持法治？尤有甚者，這些法官對偏頗的執法不加質疑而全面配合，怎不令人控訴司法已變成平庸之惡！

黎恩灝因為看到司法已變成抗爭的場域，他的研究志趣亦從政治學轉移到法律學。在未來的日子，我們可預見有更多司法人員抽離於具體政治脈絡，以維護法律和秩序之名，協力打壓人民對不公制度的抗爭。而抗爭者則要糾纏於以純粹的法律概念，抑或更廣闊的政治論述在法庭上為自己和運動中辯。

我期待有更多像黎恩灝的年輕學者，從他們的專業角度來幫助我們理解趨近後極權政治的香港。近來中文大學對學生組織橫加打壓，而當天我認識黎恩灝時他正是中大學生會會長，拿著大聲公捍衛民主女神像。這麼多年來，學運領袖畢業後或繼續捲入社會運動、或從政、或從商，甚至走進建制，不一而足，都成為社會的中流砥柱。大學要明白學生的思維不可能完全與校方一致，否則那是大學教育的失敗。看見黎恩灝畢業後仍努力尋求知識、追尋社會公義，今天大學應反省對學生運動的態度，明白只有寬容才能造就更多不落俗套，敢於創新的青年，那才稱得上是一流大學。

*陳健民，前香港中文大學社會學系副教授。

推薦序

王慧麟

黎恩灝這本書，正值香港風雨飄搖之時出版，確實來得及時。

在二〇一九年反送中運動之後，北京及其代理人在香港進行了大修法、大搜捕及大檢控，把一班民主運動參與者關進牢裡，把整個政治及法律體制來個翻天覆地的改變。某些香港人忽然如夢初醒，香港的所謂「法治」，所謂人權保障，其社會基礎是多麼的脆弱，面對強權輾壓，一捏即破。

大家與其痛心，所謂香港「法治已死」，不如試著問，為何部分香港人會相信香港是有所謂的「法治」呢？港式「法治」的內涵是甚麼？又或者問，港式「法治」與英國普通法所說的「法治」，其本質上是相同的，還是有差異的？如果港式「法治」，不是英國普通法所說的「法治」的話，那麼港式「法治」究竟是從何而來？為何而來？將來又如何呢？

恩灝的答案很直接：香港的法治是「威權法治」。他從英式「法治」論的奠基者戴雪談起，說到香港「法治」論神話的誕生，談到這套港式「法治」論的理論盲點，以及這套論述遇到北京提出的「主權至上論」之衝擊下，如何變得不堪一擊。雖然港式「法治」論的理論基礎是如此薄弱，他仍然試圖提出，法律作為抗爭工具的可能。這套明顯地衝擊香港舊有「法治」觀的論述，結合法律與政治的交叉學科的研究方法，提出未來法律抗爭的可能，是一個相當耳目一新的想法。

港式「法治」既然是「威權法治」，而不是英國普通法意義下的「法治」，那麼大家就會更加容易理解，香港人現在面對的政治現實問題。無論北京和香港官員，一直把「司法獨立」，說得琅琅上口。但在北京積極推進「憲制新秩序」下，三權（行政、立法及司法）要合作，所謂「司法獨立」，實際上敵不過政權要求「三權合作」的壓力。事實上，這套「憲法新秩序」的說法，加上二〇二〇年中的港版國安法，輾碎了港式「法治」的外衣，讓外界清楚地看到，北京及香港兩地政府，如何利用政治高壓及武力鎮壓，打壓港人的民主自由。北京強力鎮壓反送中運動，讓香港社運人士面對前所未有的政治壓力，更會拷問自身：條路應該點走呢？

在這裡，作者提出，先要疏理過去幾十年的民主運動的論述，批判了過往如「寸土必爭」論，甚至悼念六四與香港民主運動的論述，並指出這些論述，已無法回應現在憲制新秩序下的香港。然後，作者提出了「進步社運」的想法：有沒有可能做到香港社運內部左、右兩翼的對話呢？作者這個提法，既是迫切，也是回應當前形勢的一道思想猛藥。

作者有長期組織及社運實戰經驗，卻又是一位喜歡觀察、思考及反省的理論家，是同代人鮮有的理論與實際並重的學者型社運青年。在世衰道微的時代，我們需要讀書來平靜心神，更需要理論來思考未來。恩灝這本書及時回應了時代的需要。我強力推薦。

*王慧麟，倫敦大學亞非學院法律系哲學博士。

自序

"The only way to assert the right to publish is to publish."

——Ben H. Bagdikian

前華盛頓郵報總編、二〇一六年辭世的 Ben H. Bagdikian，在七十年代美國「五角大樓文件案」中，面對政府威嚇出版越戰官方機密文件危害國家安全的壓力，堅持揭露真相，說下這一番話：「我們確保出版權利的方法，只有出版一途。」

這句話，也是我決定撰寫本書的重要原因。

香港在二〇二〇年六月三十日，正式由中共人大常委通過的港版「國家安全法」接管。親中人士形容是香港「二次回歸」的象徵；支持民主運動的大多數香港人就意識到歷史書上形容的極權時代已不遠矣。國安法正是對一九年修訂逃犯條例爭議引發之「反送中運動」的一次大反撲。

的確，國安法通過後，至少有兩位社運人士被控其公開言論干犯「發表煽動文字」及「具煽動意圖」罪；輿論界、傳媒界、教育界、高教界的寒蟬效應和自我審查就更甚。因此，公開書寫和出版其實相當「不識時務」。

但放諸歷史，人要享受思想自由、良心自由、言論自由，始終靠持久的抗爭，是得來不易的瑰寶。出版的內容也許毫不浪漫，但出版本身，在公共生活窒息的年代，就是要守護陣地，證明自由和理性地表達尖銳的意見，堅持固守的思想信念是多麼可貴。

當然，如果只為出版而出版，只是一種空洞的呼喊。我寫作本書的另一個原因，是由追本溯源和立此存照兩個方向出發，令華文讀者從一個批判的角度，更加了解香港的政治、法律和社會面貌。二〇一九年香港的「反送中運動」或「逆權運動」，令華文媒體在二〇一四年的雨傘運動後再次關注香港，並深入反省中國大陸對兩岸四地至於世界的影響。

本書的內容主要是來自我二〇一五年至二〇二〇年在香港發表的文章。在此之前，我已在香港媒體撰文，試圖介入公共討論。年少無知，在媒體月旦時事，也源於我在大學時代，已活躍於香港社運。不過，對我影響更大的，是中學年代響應教會呼籲，首次參與民間遊行，反對港府強行訂立國家安全法，成為我參與政治運動的啟蒙，使我對政治學、政治理論和憲法興趣日增，間接推動我在中大選修政治，又參與學生會，打開我參與社運、組織社運的大門。大學時期，我既從事基層運動，又成為香港民間人權陣線（民陣）的召集人，組織大大小小的抗議行動和一年一度的「七一遊行」，後來到倫敦政治經濟學院進修，以及在菲律賓生活體驗貧民的壓迫，誘發我再思精英和資本家崇尚的法治社會，反而是對社會大眾的壓迫，繼而選擇走入博士班的「死路」，研究法治在後殖民年代的香港如何成為壓迫與反抗的載體。凡此種種經歷，令我體會到街頭運動、學術碰撞和日常抗爭三者，對塑造我當一個「公共人」，真是缺一不可。

在書寫的過程，我總是在想著一代又一代的香港人，前仆後繼，為打破威權專政的困厄而負隅頑抗。外人眼中波瀾壯闊的反送中運動，對香港人來說，是用血淚甚至生命編織而成的哀歌。這首哀歌訴說香港人的苦難。但它令人哀慟之餘，仍然是一部讓人毋忘初心的樂章。香港人的身分認同，在英殖年代被溶解成個人主義和過客心態掛帥的居民身分；但主權移交後的政治變遷和社會運動的頑抗，令飽受苦難的一代香港人，成為手足情深的命運共同體。

我自小便是天主教徒，常常記得聖經一句話：「默西亞不是要先受苦，才能進入祂的光榮嗎？」（《路加福音》二十四章二十六節）。在威權中國和國安法下的香港，民主運動的代價愈來愈高：超過一百人因國安法被捕和調查、過萬人因參與反送中運動被捕，當中超過七百人被告暴動。但同時，當我們回顧中國維權人士劉曉波、王全璋等的遭遇，其家人和其他維權朋友，受苦了多少年？又不妨回頭看看，波蘭、捷克的反共人士，以地下運作方式或坐牢，承受了多少年？我不是要強加比較，或要將受苦浪漫化，但今日香港，多少能更體會中國大陸諸位受苦的仁人義士，也更有空間去體會受苦本身的沈重、厚度，與背後所堅持的信念之強硬堅定，是成正比的。

的確，追求真理、追求民主的過程，必然經受痛苦；我們有勇力接受參與民主運動帶來的代價，有承受、承載自己內外之痛、離別之苦的能力，可以來自宗教信念，也可以來自理智和情感所陶成的內在力量。

不少香港人在國安法後決定移民，其實有如走入茫茫大海，心繫香港，卻被迫做浪人。無論選擇身土不二，抑或人在他方，相信大家的心志總不會割捨香港。這本小書，是給華人世界的一個邀請，讓大家都得彼此理解，分擔痛苦，共負一軛。

我有（無恥的）勇氣將拙作收集成書以供於世，說到底也是過去在社會運動和學術機構中體驗的成果。我尤其要感謝陳健民、周保松、王慧麟三位老師為本書撰序，他們的言教身教，一直鼓勵我繼續抱持人文關懷、堅持用知識和論述來參與公共事務。

本書得以付梓，要感謝新銳文創首肯出版，才能令本書成事。同時，我也要感謝為本書提供了不少反送中運動的照片的阿匡。本書大部分文章，皆曾發表於香港《明報》、《立場新聞》、《獨立媒體》、《時代論壇》《眾新聞》和《端傳媒》，收錄於本書時，再一一重修甚至重寫，按主題編排而成。每篇文章末段同時列出原文出版日期，以供讀者參照。上述平台的各編輯一直支持和包容我的評論，我特此致意。當然，本書一切錯漏，皆是我一人的責任。

謹以本書獻給

沒有放棄和願意牢記的人。

目次

第二輯　頑抗之年

第三輯　民主之路

前言　由威權邁向後極權管治的香港，還談什麼法治和民主？

一、

二〇二一年二月二十八日，四十七名曾參與香港民主派初選的學者、社運人士和前立法會議員被起訴顛覆國家政權，當中只有五人獲取保釋候審，其餘抗爭者均要在牢獄中等候「大審判日」；十二日後，中共人大決定修改香港選舉制度，恢復由中共操控的「選舉委員會」在立法會選舉的至少三十個議席，並設立參選資格審查機制，議會直選產生的議席比例由目前的五成大幅下降到三分之一。即將在六月二十三日開審的首宗國安法案件（「唐英傑」案），也大可能是首場不公開和不設陪審團的審判；事實上，國安法亦訂明，國家有權將相關犯人移交到北京最高人民法院「送中」受審。

國際社會的主流反應，是判了香港「一國兩制」死刑：美國宣布香港已經是「一國一制」；英國和歐盟直指中方違反中英聯合聲明；著名的經濟評級機構「傳統基金會」正式在其經濟自由度排名剔除香港，與澳門一起列入中國評分，明示香港的經濟政策最終由北京控制。至於香港本地輿論，有將之比擬臺灣戒嚴年代，甚至認為香港情況比當年「美麗島事件」更壞，正步向臺灣的白色恐怖年代。

可以說，由二〇二〇年六月三十日——國家安全法生效當日起，香港正式踏入「二次回歸」，或是「二次政治過渡」；它經過由英國殖民管治過渡到中共的特區政體，今日再過渡到後極權社會的現實，粉碎了香港人追求的民主夢和篤信的法治神話。

政治學者林茲（Juan Linz）研究威權主義與極權主義和民主化的關係時，提出了「後極權主義」的概念。[1]後極權國家不如極權政體能全面管控政治、經濟、社會所有領域，也沒有一套完整和細緻的烏托邦式意識形態主導整個國家發展；但後極權國家也未至於威權政體般有容許有限的反對派繼續參與政治。所謂後極權國家，其壟斷國家的方式，主要有四個特徵：一，政權一黨專政之餘，仍包容民營經濟和社會自行運作，但政權在這些領域仍保留巨大的管控能力；二，政權不再強調唯一的意識型態，少強調烏托邦的終極目標；三，政權減少志在表忠的政治動員，反而強化民眾政治冷感的氛圍；四，政權領導的個人魅力消退，由技術官僚取代，以維繫權力集中一黨。[2]用林茲的框架去分析香港政治體制發展的話，在國安法通過以前的香港，自英殖時代以來，長期處於有局部選舉和公民自由的威權政體；國安法通過以後，香港的政治自由、公民社會

1 極權主義（totalitarianism）和後極權主義（post-totalitarianism），亦譯作「全權主義」和「後全權主義」。本書亦會把這些學術概念的翻譯交替使用。

2 讀者可參看Linz, Juan J. & Alfred Stepan (1996) *Problems of Democratic Transition and Consolidation*. Baltimore: The John Hopkins University Press & Linz, Juan J. (2000) *Totalitarian and Authoritarian Regimes*. London: Lynn Rienner Publishers.

空間大幅度縮窄，政權以強力的法律打壓和修改選舉制度作為完全掌控政治體制和全面控制香港社會的手段，鞏固香港「一國兩制」下由中共「一黨專政」的現實，是邁向與中國大陸後極權社會「融合」的開端。

我一直認為，中共要繞過香港本地立法程序，直接在北京頒布一部在香港應用的國安法，目的除了是震懾香港社會，更重要是從成本效益的角度去實現香港第三次法律移植，改造香港的法治，並一舉摧毀香港一九年的反威權抗爭和三十多年來民主化運動。香港在一八四二年成為英國殖民地，被英國植入有殖民主義特色的普通法制度，到九十年代初藉《人權法》營造邁向自由法治的軌道，為之「一次移植」；香港到一九九七年主權移交到中共，落實由人大授權的《基本法》，揉合殖民法制遺產和中共的法律制度及文化如「人大釋法」，並且漸進地融合中共以法律為武器來打擊公民社會的操作，是為「二次移植」；到了二〇二〇年的香港，國安法在政治、司法以至社會各領域均展現了其超然地位性，在實際政治和司法操作上更凌駕《基本法》保障的各種權利，是由專制走向後極權的法律意識型態及實踐，可謂「三次移植」。本書的內容，正正是記錄中共過去打壓香港法治、反威權抗爭和民主化運動的歷史軌跡。

二、

本書旨在批判香港以至華文世界流傳的三套主流論述。第一套論述，正正是香港的「法治神話」。香港自成為英國殖民地以來，受負於中西文化薈萃、環球金融中心的美譽，令它不單是中國主權下的香港，更是面向世界的國際都會。這些稱譽的基礎，是香港本地和國際社會皆篤信「法治是香港成功基石」的信念。但它之所以是神話而非真理，正由於它是英殖政權掩飾劣政和反對香港享有民主、甚至脫殖獨立的說辭。

七十年代以前的香港，絕非「法治」社會。華洋不平等、警察貪污腐敗，是當時的常態。一九六六年和六七年發生一系列罷工和土共策劃的暴動，港英殖民政府以更雷厲的法律武器來應付，包括搜查左派工會、學校，拘禁左派工人和學生，又動用半軍事化的警隊和港督的緊急權力來鎮壓。六七暴動後，港英政權隨即推出《公安條例》，賦予警察更多權力處理公共秩序和遊行集會。港英政府為了應付六七暴動後的管治危機，但又無民主化的意圖，唯有建立更廣泛的諮詢架構廣開言路，同時又透過成立廉政公署和擴大法律援助計劃來安撫民心、營造法律一視同仁的表象。這一系列建設，雖然逐步改善市民大眾昔日認為公權腐敗、生不入官門的印象，增加對政府行事要公平、公正和依法的期望，但也未有為大眾帶來全面的權利和自由。英殖政權巧妙地將強調「法紀」這管治技術，披上「法治」——強調保障權利和阻止政權任意妄為——的外衣。這種技術的高峰，就是一九九一年通過的《香港人權法案條例》，鞏固香港人的權利意識，認為香港的法律和制度是法治的體現。然而，即使有人權法案，香港人也從來未享有完整的政治權利，即使是港英政府八十年代初開啟地方選舉，總督也是倫敦委任；香港也不受民選的英國國會管轄，而是直屬王室。

所以，本書第一輯「威權法治」，正是從英國殖民的法律意識型態出發，反省香港的法治制度，如何被昔日的宗主國「虛構」之餘，又被今日的主權國挪用作威權統治的工具。中共透過英殖時代遺留的法制，添上在疆藏厲行多年的治術，延續法律作為打壓異己的殖民治理。以這題目作本書的開端，亦是為了點出：法律就是政治。既然政權以法律作為威權政治的武器，法律亦應是爭取民主和自由法治的場所，是抗爭政治的劇場。所以，要問如何在威權下「光復」法治，最重要的，是靠反威權的民主運動。二〇一九年的反送中運動，以至香港三十多年來的民主運動，同時是建設香港自由法治的運動。沒有民主，就沒有自由法治；沒有群眾的抵抗，也就剩下威權本色的「法治」。

本書第二輯「頑抗之年」，記錄了香港近年規模最大、觸發中共以國安法鎮壓香港的一場反威權抗爭——二〇一九年的反修例運動，亦被稱為「反送中運動」、香港的「自由之夏」、「如水革命」、「逆權運動」。本輯針對修訂逃犯條例本身的爭議、運動過程的警察暴力作深入分析，並以國際社運變遷的脈絡去反省這場反威權抗爭為香港帶來的危與機。本輯主旨之一，是挑戰華人社會對「暴力」避重就輕、重責示威人士的手段、迴避當權者使用暴力的思維。二〇一四年臺灣太陽花運動，學運領袖陳為廷詰問臺灣社會：「為什麼你們對掌權的人這麼寬容，對於沒有權力、一路被壓著打，一路想要提出事實的人這樣嚴苛？」這其實反映華人社會深受家長主義和威權統治的史觀和文化底蘊影響。受得專制統治多了，反而更樂於逢迎主子。在香港反送中運動爆發期間，反對示威的人士往往強調「政府已道歉」、「我們已在收成期」，叫人莫要破壞數十年努力上游的經濟成果。然而，他們倒忘了，威權統治的長遠代價，不是人人安居樂業，而是在政治暴力的惶恐下終日。因此，深入了解政權生產的制度、肢體和心理暴力，對反抗暴政的人來說是有積極意義。

本輯主旨之二，就是強調這場逆權運動，本質上也是恢復香港人之人性尊嚴的運動。人性尊嚴的可貴，不只是形式上人人生而自由平等，更加是有別禽獸的能力，能夠互相守望、補足，建立手足情深的命運共同體。孟子嘗言人有怵惕惻隱之心，兼具仁義禮智的善端，正好體現在這場史無前例的全民運動。運動初期，參與者是積極的行動者、專業人士、中產階層；其後抗爭「遍地開花」，草根基層在日常生活的環境直接見證、體驗政權的暴力和抗爭者的苦難，紛紛成為在社區抗爭、支援「手足」的一分子。草根基層和弱勢社群的福祉一直是香港傳統社會運動的根本關懷，曾是社運主流的進步左翼強調普世人權和建設社會經濟正義，直到雨傘運動後，本土主義和勇武抗爭大行其道，反送中運動更超越了社運「左」「右」之爭的僵局。因此，本輯最後探討左翼運動在反送中的角色和前路，作為對這場逆權運動的初步反省。

本書第三輯「民主之路」，可說是批判地反思香港一直以來的民主運動重視參與體制和選舉政治的論述。本輯的文章，一方面從泛民抗爭之路反思傳統民主運動策略的得失，另一方面借鑒國際經驗，分析主權國下的不公正選舉制度，對香港民主運動產生的影響。此外，本輯亦專門探討在民主化過程中角色舉足輕重的天主教會，如何靠攏威權政府，成為促進公民自由和公民社會的阻力。香港俗稱「泛民」的傳統民主派，在八九民運後，一方面受資源動員理論影響，以參與選舉為主要的政治動員路徑，同時又以民主化理論中的締造協約模式（pact-making）為楷模，認為活在主權國下，只能同時向政權施壓及談判，令中共內部的溫和派能借東風推動香港《基本法》框架下的民主化；甚至曾強調香港要有民主，是為了在大國下偏安一隅，從而達致「港人治港」、「高度自治」。這理論和實然處境的結合，就是傳統民主派會選擇積極參與並非全面民選產生的立法會和選舉特首的「選舉委員會」。支持者當然會強調擴張資源和寸土必爭的理由；反對者就主張此舉必然為不民主制度增加正當性。

時移勢易，八十年代起家的民運路線反而成為民主運動生力軍的矛頭。二〇一〇年，民主派兩個進步政黨的五位立法會議員透過辭職觸發補選，製造一次「變相公投」，用選票表達爭取普選、廢除由工商及親中陣營主導的功能團體議席，結果是補選投票率僅得百分之十七；另一邊廂，民主派的溫和陣營如民主黨選擇和中共對話，得出改良功能團體的方案，並得到中共首肯，政制改革最終獲得立法會多數通過，但同時造成民主派溫和翼和進步翼以及公民社會的大分裂。分裂的根源，除了政治現實上黨派競逐利益的盤算，更多是源於民主化理論的歧見，即「寸土必爭」和「直接鬥爭」兩者的論述角力，進一步而言研判中共政權面對反對派溫和翼與激進翼的挑戰，會作出什麼選擇。溫和翼支持「寸土必爭」，以締造協約爭取民主，信奉路徑依賴理論，相信依從中共的框架，循序漸進的民主改革是中共可以接受的進路；激進一翼則深信必須有強大的群眾基礎、扭轉政權設下的遊戲規則，由下而上動員群眾直接向政權施壓，後者方會作出讓步，而群眾動員能夠長期直接鬥爭的話，必然是衝擊現有秩序，例如議員辭職「變相公投」、癱瘓街道的直接行動，以及後來的佔中運動。究竟「寸土必爭」還是「直接鬥爭」能夠為香港帶來民主？到了今日，其實還沒有人可以說得準，因為無論是溫和或激進翼，均同時面對中共的直接打擊。

在中共訂立的新遊戲規則下，過去民主派參與半民主選舉和內部初選的經驗，給我們的教訓應該是反對派團結的價值，以及針對體制不公的重要性。因此，本部分的書寫，其實是述說民主陣營在鞏固和消耗團結的張力，以及公民社會針對選舉制度公正與否的策略；過去民主運動之於選舉，的確著眼於議席多寡和政治平等的制度設計；今日民主運動要和選舉連結，可能要回到最基本的問題，就是抗衡選舉舞弊，因為政權優先關心的，不再是如何維繫香港有公平選舉的假面具，而是如何保證政權壟斷選舉結果。所以，本輯談選舉公正、觀察選舉等往往是發展中國家才著眼的議題，正是嘗試將香港以民主派政團主導的民主化運動和超越個別黨派利益的公民運動接軌，並將香港的民主運動和制度變遷放在國際關係的大格局：面對不再是民主化推手的羅馬天主教會，以及自由世界與威權國度對碰的「新冷戰」，香港如何繼續捍衛人權、自由、民主、法治等普世價值？

三、

本書也整理了我過去十年在香港參與社會運動和研究香港政治的思路，尤其是對法治精神、群眾運動和民主化三者的思考。香港法治精神弔詭之處，是它一方面塑造了民眾重視人權自由、防止政府濫權的法律意識；另一方面，法治制度諸如司法機關往往強調法紀的重要，背後旨在維持現有秩序和制度的穩定，但現有體制，本身就無法有效保障民眾追求人權自由的法律意識，遑論制約政權打壓異己。

法治精神不單是香港現代化的神話，還成為香港民主運動的信念之一。其一原因，就是傳統民主運動的領導，多來自法律社群；後來成立的公民黨，更被戲稱為「大狀黨」。加上民主運動長期得到中產階層和專業人士支持，法治精神就是他們信奉的核心價值。正因如此，在大學期間參與學生會和進步左翼群體的我，就不時反躬自問：如果我們爭取民主，只是用來維護私產、市場放任、資本家壟斷的新自由主義，而不是讓財富再分配、實質改變民眾和少數權貴之權力關係的話，那這還是我們想要的民主嗎？當然，年輕時思想浪漫，總抗拒民主化理論嘗言，必先建設自由民主，才能開展社會民主的經驗。後來在英國讀碩士，接觸不少社會經濟權利的法律理論，就更加明白為何香港民運高舉民主、自由、人權、法治而少談分配正義。其一原因，是香港的《人權法》移植的國際人權標準，只有公民政治權利，對於社會經濟權利如充足房屋權，從未包羅在人權法律的框架，只是政權施捨的福利；後來再研究香港的《公安條例》，就更衝擊我所認識的法治神話：香港賴以成功的基石，原來是一套容許政權鎮壓異見者和群眾運動的法律系統？因此，我選擇到法學院攻讀哲學博士，深信唯有再思香港法治的本質，了解今日政權如何延續殖民法律和再度移植威權法治，打擊香港的民主運動。唯有視法律為抵抗的戰場、法治是社會正義的進步動力，才能打破法治論述的精英形象和威權面紗，令法治精神成為體現每個物質和精神尊嚴的價值。

香港的民主運動除了面對主權因素，也充滿不少削弱其能力的內部張力。二〇一〇年政改爭議後，民主運動陣營出現大分裂，由戴耀廷、陳健民和朱耀明三位在二〇一三年發起的「讓愛與和平佔領中環」（和平佔中）運動，本來是修補民主陣營撕裂的契機。他們在香港首次提倡以公民不服從（公民抗命）的行動向中共爭取普選，但在商討政制方案和公民抗命時機的過程，亦引發激進民主派、學生運動和溫和民主派之間的矛盾，直到雨傘運動爆發後，學運領袖和傳統民主派的關係仍然充滿張力。傳統民主派和學生領袖之間，以至運動發起人和參與群眾之間的矛盾，無法令佔領行動成為一個有機和持久的壓力，反而被政權以消耗戰術導致逐步式微而結束。

二〇一四年後，民主運動的內部分裂一直持續，溫和翼與包括新興本土派的激進翼既同時面對政權多方打壓，也繼續在不同的政治事件互有攻守，尤其體現在對紀念大陸八九民運的立場，以及對民主派參選「小圈子選舉」和舉辦內部初選協調出選人的論爭。這些內部矛盾，其實到反送中運動爆發後仍未休止，例如民主派應否以玉石俱焚的進路去參與體制選舉來抵抗威權，以及應否接受中共委任作議員等問題，就成為內部矛盾的另一道藥引。

香港民主運動在反送中運動前，是用「以假弄真」以至「弄假成真」的態度去參與半民主選舉的。在真正民主選舉，政黨當然會關心議席多寡，以成為執政黨；但在香港，半民主選舉只是威權政府的民主面具，但民主派會視為邁向民主的實驗場，所以「當真來玩」，集中精力籌謀如何爭奪更多議席，作為迫使中共在民主政制改革讓步的籌碼。換句話說，只要最終爭取到足夠議席，中共就要讓步。但結果往往是變成民主派內部爭奪議席，互相攻訐，選舉文宣、策略也是以贏議席的態度去推動公共參與，令參選和街頭運動產生分離。這個進路的盲點，是忽略政權有絕對權力：當它認為執政黨憑現有制度無法保證其主導權，即使要承受國際社會代價，也不惜一切去改變遊戲規則。我一直對民主派溫和翼抱持批判的眼光，既因為我相信無論溫和派和激進派也需要團結、強大的群眾運動，但溫和翼的漸進主義，和群眾運動的訴求往往落差，直到政府提出修訂逃犯條例，容許港府應中方要求將疑犯「送中」，為民主派帶來前所未有的團結，此皆見諸論述、行動，以及因而爆發的反修例運動。

這場逆權運動的價值，是證明團結的視野，不止於議會反對陣營各黨派的團結，也不流於所謂體制外與體制內互相借力打力的傳統抗爭模式，而是反對派精英和庶民為主的大型抗爭團結作戰。反送中運動創造的，是以香港人身份、命運共同體的意識，視香港作唯一的陣地，直接和政權抗爭；議會、街頭、職場、日常的領域，已經被抗爭的意志統合，不再是分離的運動，而是每日周而復始的共同抵抗。

香港的抗爭運動，主體已經明確、操作百花齊放、目標相當清晰，所以香港傳統社運進步左翼與本土右翼之爭，參與不民主選舉與否、是否接受中共以延任方式來建立的「港式萬年國會」等等，其實是次要矛盾。真正的矛盾，是我們在政治高壓、抗爭低迷下作出的政治選擇，何者更能持續、鞏固這場見諸日常的公民運動，何者更能讓活在這個城市和流散外地的香港人可以保持抗爭意志和行動力。

四、

香港由大清帝國南方的一個口岸，經歷英國殖民主義的琢磨，成為一個華洋雜處、中西交匯的轉口港；在二次世界大戰之後，乘冷戰地緣政治之勢，逐漸蛻變成亞洲四小龍和二十一世紀的國際金融中心。香港的主權移交到中共後，經濟發展繼續上揚，但政治、司法、自由的環境就逐漸褪色。本來香港人和國際社會期望主權移交後的政局，會令香港更加自由化、甚至完成民主化，作為中國大陸現代都市的示範。但移交主權後二十三年可見，中共的盤算和管治哲學，其實是背自由民主之道而馳；它逐步封閉香港的政治制度，完成全面控制的「逆發展」工程。由此可見，香港的歷史，的確和世界政經大局分不開。它曾是中共和西方世界打交道的樞紐，也曾是國共中西角力的擂台。今日的香港，就成為中西新冷戰的必爭之地。然而，這些宏大敘述，往往忽略人的因素：個體的道德力量、庶民的抗爭、公民社會的凝聚力，往往是政治社會和政治文化變革的動力。本書不少篇幅分析香港和海外公民社會的公共參與和全民抗爭，也是為了記錄在地人民為社會進步、追求自由而作出的努力。

香港會否成為如中國大陸一般的普通城市，甚至倒退成現代的「東柏林」、蘇聯鎮壓下的布拉格，或者是蔣家治下的臺灣？誠然，香港目前的狀況，仍未發展到二十世紀極權（全權）主義社會的形態；今日國家系統的管治技術也不需要再純粹依靠血腥暴力主導的恐怖管治。但駕駛初代高達（臺譯「鋼彈」）的阿寶有云：「人類總要重複同樣的錯誤。」我們面對重蹈覆轍的危機，除了投降、逃走或直接火拚以外，其實還有其他選項。

我的大學老師關信基教授，曾在一次雨傘運動的前奏、大學生罷課的演講提出，面對理想與現實的張力，不妨注視跨越兩者的「建構主義」：「制度建構是一個開放、論辯和溝通的旅程，形成一條新舊體制鬥爭的路徑。路徑也許崎嶇，不過歷史告訴我們，不少的政治制度被社會實踐改造或推翻。」民主運動的終極關懷，其實是透過公義的政治制度，讓人能夠成為一個自由和平等的公民，在現世無憂無阻地追求真誠和美善，活出真我。

前事不忘，後事之師，當我們活在今日的香港，仍有勇氣去談民主、法治和人性尊嚴，這過程本身就是鍛煉抗爭意志和抗逆力的良方。

第一輯 ｜ 威權法治

滿清帝國在鴉片戰爭戰敗後，與英國簽訂《南京條約》，割讓香港成為英國的殖民地，其屬土由最初的香港島，擴展到九龍半島和以租約形式據有的新界土地。香港經歷超過一百五十年的殖民管治，到最末數年，才享有局部的民主。學者Carol Jones曾指出，殖民政權以建立法治取代民主改革，塑造香港的核心價值和經濟成就，法治和司法獨立功不可沒。*然而，沒有民主政制，法治只是殖民政權的管治工具。香港主權移交後，政權仍然樂於以法治論述來為其高壓統治背書。本書第一輯共十篇文章，比較英國殖民史和中共治術，論述香港的法治只是「威權法治」，並探究其起源、意識型態基礎、政權如何操弄法庭，以及公民社會抵抗的能力。

* Jones, Carol. (1999)"Politics postponed: law as a substitute for politics in Hong Kong and China" in Kanishka Jayasuriya ed. *Law, Capitalism and Power in Asia : the Rule of Law and Legal Institutions*. Routledge.

終審法院
THE COURT

威權法治之源

英國移植的是帝治，不是法治

法治今日已成為「萬能Key」（百搭的用語）。

在香港，無論是外國領事、商業機構、政府官員以至社運人士，均會搬出「維護法治是香港的核心價值」、「法治是香港賴以成功的基石」等「罐頭語言」，各取所需，令「法治」一詞，淪為空洞能指（empty signifier）。

那麼，香港的所謂「法治」，其實是什麼？也許，我們要首先探討香港的法治從何而來。

香港自一八四二年成為大英帝國殖民地，宗主國斷續地移植普通法制度、司法機構、法律專業和法律教育制度到香港，奠定香港「法治」的基礎。但這法治基礎，又是否和宗主國、以至其他自由民主國家的普通法制度一脈相承？

西澳洲大學法學院學者Dylan Lino在二〇一八年發表一篇論文，批判十九世紀末英國法學家戴雪（A. V. Dicey）的法治思想（rule of law）和其「帝治」（Rule of Empire）思想的張力，也許能為香港法治的源頭，提供一個另類觀點。[1]

1 Lino, Dylan (2018) "The Rule of Law and the Rule of Empire: A.V. Dicey in Imperial Context" *The Modern Law Review*, 81:5, pp.739-64..

戴雪所著《英憲精義》（*Introduction to the Study of the Law of Constitution*），是法學生入門讀物；其法治觀在法律界和法學界亦無人不曉。戴雪的法治觀有三：

一，政府應依法辦事，按法定程序運作，而非以毫無制約和隨意運用的權力管治；

二，任何人不論官民或階級身份，均受同一法律制約審裁，即「法律面前，人人平等」；和

三，在法治之下，個人權利由普通法累積的案例捍衛，而非由上而下的成文憲法保護。

Lino分析，戴雪的法治理念，並非單單用來衡量當時法治的發展程度，而是戴雪對十九世紀晚期文明社會發展所訂下的指標。他認為「法治」本身，是英國人出眾的產物、文明的巔峰；他甚至在一八九八年發表的一篇文章中提到，英格魯－撒克遜人（即英美）的文明程度令其他民族望塵莫及之處，就是其「法律主義的精神」。戴雪在文章表露出濃厚的「民族狂熱」和「種族優越主義」，不禁令人質疑他的法治觀究竟是人人適用的普遍原則，還是唯有英國人獨享的榮譽。

Lino進一步表示，法學界多側重描述戴雪的法治原則，批判戴雪支持大英帝國殖民統治的立場。戴雪一方面相信英國向殖民地輸出法治，就能建立「英式文明」、確立自由帝國主義（liberal imperialism）的正當性。但另一邊廂，戴雪又認為在某些情況下，為了延續殖民地從屬英帝國大一統（imperial unity）的使命，統治者不免要在殖民地放棄法治原則。戴雪甚至明言，只要殖民地自治政府意圖進一步推動殖民地獨立，帝國大一統的原則就應凌駕法治，以保障英帝國的利益。

一八八三年，一位愛爾蘭殖民官被殺。幾位涉嫌與凶手有聯繫的愛爾蘭人試圖移居英殖澳大

利亞維多利亞，卻遭當地政府拒絕。戴雪就此先後在《泰晤士報》撰文，抨擊維多利亞作為大英帝國不可分割一部份的殖民地，當地政府拒絕上述人士移居的做法遠離英國法治。然而，戴雪並沒有在文章中提倡英帝國插手干預維多利亞、在當地重建英式法治體系。他認為，為了維持大一統，避免殖民地脫英獨立，英帝國不干預當地違反英國憲法原則的治術，也是迫不得已。

後來，戴雪在一九一五年版本的《英憲精義》序言表示，英國維持帝國大一統的代價，就是要英國人容許殖民地存在種族歧視。他舉例指，英國議會應包容澳大利亞殖民地政府針對非白人的嚴格移民限制，才能保障澳大利亞人對宗主國的忠誠。

戴雪甚至提倡，公務人員可以停止依法辦公（official lawlessness），表示抵抗自治，力保帝國至上。一九一三年愛爾蘭自治運動期間，重視法治的戴雪，竟不譴責支持統一的武裝分子以武反擊自治運動；翌年，反對自治的戴雪，更公開鼓勵軍隊在阿爾斯特「違法抗命」，拒絕執行英國國會通過的愛爾蘭自治法案，等於叫公務員公然犯法。

換句話說，戴雪在守護法治與捍衛帝治之間，放棄了以法治為綱的理想，選擇以帝治為先。

戴雪在英國殖民歷史中的表現，實在是對他法治觀的反諷。英式法治觀念縱有自由主義基礎，殖民地的法治卻變形走樣，殖民地行政系統只是建立法紀（law and order），保留歧視性的不平等習俗，透過間接管治換取當地人對英帝國的忠誠。

事實上，英國以《英皇制誥》繞過國會權力成立殖民地，手段本身就是迴避自由民主制約的帝治手段。

戴雪和英殖歷史的經驗，帶給我們什麼啟示呢？

法治理論的誕生，並非純粹的法哲學討論，亦是社會政治產物。抽離歷史，可能會降低理論的說服力。戴雪法治論的困境，在於他所提倡的法治，並非當時大英帝國主義蓬勃的現實。他被迫承認帝國大一統的管治，需要依靠法制的不平等及其隨意性，而這兩個殖民統治的特徵，正與以自由主義自居的英國及其法治觀相違。

香港的法治體系和法治觀的建立，和英國殖民歷史關係尤鉅。法律移植（legal transplant）理論指出，外來法治觀念能否在當地生根，不只靠移植者的本事，亦要視乎當地人的接受程度。當殖民者以一套硬制度試圖移風易俗，不單會水土不服，甚至能激起當地人和殖民者的衝突。是故英國在殖民地如香港實行間接統治，生產土生土長的公務員、專業人士法律精英，扶植地方精英，爭取本地人信任。

認識英殖法治觀念的根源後，就應再思法治的內在價值。如果英國當年建立法治，純為證明其文明優越的話，那麼法治的價值，其實相當功利和淺薄。當英帝國的大一統受到威脅，又豈會讓殖民地享受法治？宗主國只會削弱殖民地的法治，維持後者作宗主國的次等屬土。

一套和殖民法治或帝治相反的法治觀，是肯定人人生而自由平等、公權力應受到規限以防範人治、應建設公正不阿的法律和司法體制等等。這只有在社會建立足夠的理論和實際資源，令這套以自由民主為圭臬的法治觀深入民心，大眾才有足夠的道德力量，拒絕政權以國家利益為名犧牲個人權利。

香港是一個沒有主權的自治體。一九九七年後，香港由一個英國殖民地過渡成一個中國特區。比較當年英國和今日中國對香港的治術，中國在天朝主義氛圍下，多番試圖移植中共法律意識型態到香港，強調法律是管治武器，矮化法治為守法；當權者任意利用法律條文打壓異己，執法者權力又愈來愈不受制約，令法律逐漸淪為國家機器暴力的一環。香港過渡期所頒布的中國香港特區《基本法》，雖然明文保障人權，但實際上卻是延續殖民法治的「根本大法」。

香港在主權移交後經歷一浪又一浪社會政治衝突，加速當權者將香港推向威權法治的路徑。可以說，香港的法治神話，是建基在「帝治」的英殖歷史；主權移交後，威權法治浮面，香港的法治神話逐漸幻滅。

*本文初稿撰於二〇一九年七月十六日
原題〈帝治與法治〉，刊於香港《明報》

香港《基本法》內在的政治矛盾

二〇二〇年是香港特區《基本法》頒布三十周年，中聯辦和特區政府的領導人先後撰文「祝賀」，親中陣營亦透過網上直播研討會，反覆強調國家安全的重要，明示暗示要在香港落實國家安全法，方能貫徹「一國兩制」云云。

其實，官樣文章陳腔濫調，並非新事。香港人抱持的思想價值觀，經過中英談判、八九民運和地方選舉，崇尚自由主義式的法治，與奉行社會主義政法制度的黨國屢起政治、法律和文化衝突，當然是制度矛盾的結果。對中共政權來說，化解兩地法制矛盾的方法，就是反覆強調要「準確理解」《基本法》——要香港「人心回歸」，緊跟中共的路線，聞中共唱好《基本法》的調子起舞。

我們應該怎樣準確理解《基本法》？我們不妨從《基本法》內在的三個矛盾出發，反思《基本法》會否為香港帶來自由民主，抑或是和英殖管治不遑多讓的威權法治。

第一個矛盾，是《基本法》背後的一國兩制「偉大構想」，並非自古未有之物，它與中共初期治理西藏和應對臺灣的藍圖一脈相承。

一九五〇年，中共攻打西藏。翌年，西藏五人代表團到北京試圖和談，與中共簽下俗稱「十七條協議」的《中央人民政府和西藏地方政府關於和平解放西藏辦法的協議》。當中不少協議條文，可與香港《基本法》比照，例如：

《中央人民政府和西藏地方政府關於和平解放西藏辦法的協議》	《中華人民共和國香港特別行政區基本法》
「西藏人民團結起來，驅逐帝國主義侵略勢力，西藏人民回到中華人民共和國祖國大家庭中」（第一條）	「一九八四年十二月十九日，中英兩國政府簽署了關於香港問題的聯合聲明，確認中華人民共和國政府於一九九七年七月一日恢復對香港行使主權，從而實現了長期以來中國人民收回香港的共同願望。」（序言）
「對於西藏現行的政治制度，中央不予變更。達賴喇嘛固有的地位及職權，中央亦不予變更。各級官員照常供職。」（第四條）	「香港特別行政區不實行社會主義制度和政策，保持原有的資本主義制度和生活方式，五十年不變。」（第五條）；「香港原有法律，即普通法、衡平法、條例、附屬立法和習慣法，除同本法相抵觸或經香港特別行政區的立法機關作出修改者外，予以保留。」（第八條）
「中央人民政府統一處理西藏地區的一切涉外事宜，並在平等、互利和互相尊重領土主權的基礎上，與鄰邦和平相處，建立和發展公平的通商貿易關係。」（第十四條）	「中央人民政府負責管理與香港特別行政區有關的外交事務。」（第十三條）

中藏雙方建立的「一國兩制」，就是要求藏方接受藏民屬於中共「祖國大家庭」，得以維持既有生活方式不變，由中央處理涉外事宜。然而，中藏一國兩制維持不到四年，中共頒布《憲法》，取消原有《十七條協議》裡的西藏特殊自治狀態。後來發生拉薩事件，中共派兵「平叛」屠城。但之前，中藏一國兩制，其實早已報銷。到了八十年代初期，葉劍英提出〈有關和平統一臺灣的九條方針政策〉；官方後來公佈〈十二條解決香港問題方針政策〉，成為香港一國兩制的模型，已是後話。

中共的「一國兩制」，和它管治邊疆民族手段一致。甚至有中國學者如強世功，嘗試論述中共中國上承大清帝國的版圖，歌頌清朝針對邊疆地區「一國多制」的治術。強世功這套「天朝主義」的論述，試圖正當化中共的管治合法性、中國的帝國式擴張，以及一國兩制的正當性。《基本法》就是這種治術的產物。[1]

第二個矛盾，是《基本法》並非解殖的成果，它只是香港歷史的「權宜產物」。

香港有別於其他英國前殖民地，沒有發生過一場改變政治命運的反殖獨立運動；相反，經歷文化大革命和六七暴動，香港人反而更接受英國殖民政府管治。至八十年代中英談判，中共明確反對「三腳凳」式談判，視香港問題為中英兩國事宜，香港人無權參與、無從選擇。香港人的命運無法自主，反殖獨立亦非主流意願，前途就被《中英聯合聲明》決定了。

《基本法》的內容，本來是為了具體執行《聯合聲明》、區分中港兩地制度而訂定，但《基本法》大體保持英殖時期建立的制度，有殖民傳承（colonial continuity）的強烈色彩。而且，相對於解殖獨立或者民主轉型後的國家，它們的制憲過程和憲法成文往往反映人民經歷壓迫和苦難過後對自由民主可貴、人權法治可愛的體會；但香港缺乏這段歷史，香港人也無法「全民制憲」。

唯一慶幸的是，香港在主權移交前通過《人權法案》，若干國際人權公約亦能應用予香港。但《基本法》始終只是少數精英由上而下的「制誥」；國家主觀意願下大書特書「香港回歸」，但本質只是將香港的宗主國由「英」易「中」而已。

1 強世功（二〇〇八），《中國香港：文化與政治的視野》，香港：牛津大學出版社；陳冠中（二〇一二），《中國天朝主義與香港》，香港：牛津大學出版社。

對中共來說，《基本法》是權宜的產物，它旨在達到大一統。上述中藏歷史，已可參照，此處不贅。對香港人來說，《基本法》之所以是「權宜」的產物，與其說是當時沒有更好的選項，不如是根本沒有討價還價的能力和本錢。香港前律政司司長梁愛詩曾在電台節目指香港人要接受「回歸」的事實，不就是提醒香港人這段「被決定」的歷史嗎？

第三個矛盾，是《基本法》雖有保障自由人權和普通法系統的條文，但從位階角度來說，香港特區本質從屬社會主義法制，故面對中共衝擊香港習慣的法治，防禦能力實在有限。

《基本法》不是大陸法，而是源於列寧主義的政法制度

不少法學論者或法律精英形容中共在內地行大陸法，其實大錯特錯。即便是歐洲大陸法，也保障捍衛人權的法治和司法獨立。但中共參考蘇俄，實行社會主義及列寧主義的政法制度，憲法和法律的目的是為了促進生產力，實現社會主義制度；其前提，就是要確保先鋒黨專政的正當性和法律基礎。[2]換言之，憲法和成文法律，是為執政的共產黨服務。對中共來說，法律和司法，是要好好抓住的政治關節，故中共中央政法委員會是司法機構的領導，亦是筆者老師曾言中共沒有法制，只有政法的原因。

習近平治下強調依法治國，但中共憲法明文國家由中國共產黨領導，說到底也就是黨大於

[2] Sorace, Christine, Ivan Franceschini and Nicholas Loubere Eds. (2019) *Afterlives of Chinese Communism: Political Concept from Mao to Xi*. ANU Press and Verso Books, Chapter 41.

法。說中共行大陸法，就會掩蓋中共仍然奉行社會主義法律、以政治控制法律體制的面目。當香港的社會政治發展，威脅中共的經濟和政治利益，而中共經濟力量日益強大，無需單單依賴香港的「一國兩制」發展時，中共透過改造香港法律意識型態和操作的誘因就更大。中共透過二〇一四年《一國兩制白皮書》重構《基本法》的論述、以人大常委「決定」僭建《基本法》來解決中港高鐵「一地兩檢」和延長香港立法會議員任期的憲制爭議，成為中共當時直接衝擊香港的兩門「大炮」。

中聯辦主任駱惠寧在《基本法》頒布三十周年撰文，指「一國兩制已進入五十年不變的中期，一些長期積累的矛盾逐步顯現，尤其是在去年『修例風波』中，發生了大量嚴重觸碰『一國兩制』原則底線的行為，憲法和基本法的權威受到前所未有的挑戰，許多深層次問題都到了必須面對和解決的重要時期」。中共「解決問題」的方法，並非透過緩和香港人與政權的政治矛盾，而是進一步以嚴刑峻法來全面管治。《基本法》的內在矛盾，並未得到調和，而是被中共訂立的國安法完全吞掉了。

*本文初稿撰於二〇二〇年四月八日

原題〈《基本法》的3個矛盾〉，刊於香港《明報》

奠基威權法治的兩道板斧

《路透社》在二〇二〇年四月訪問三名香港資深法官，他們表示香港的司法獨立正受到北京攻擊，是自一九九七年回歸以來對法治最大威脅。法官上一次破格受訪，已是二〇一九年五月末「逃犯條例」爭議最熱烈之時。當時有受訪法官指內地的法律體制未能做到公平審訊，修例成為香港普通法制度面臨的「最嚴峻挑戰」。

香港法官在短短一年內兩度打破沉默，發出「求救訊號」，是主權移交以來未見，也顯示單靠司法機關去頂住中共政權干預和保住《基本法》包含的司法獨立的「承托力」已到達臨界點。中聯辦、港澳辦、特區政府在慶祝《基本法》頒布三十周年後，陸續撕破畫皮，寧願打倒昨天的我，指中聯辦不受基本法第廿二條管束；數月之後，更堂而皇之指香港不實行行政、立法和司法機關「三權分立」的制度，甚至指過去香港有三權分立的論述，是社會大眾和司法界的誤解和反對派的誤導，間接「刮」了香港法官幾巴掌。

政權掀起連串法治論述鬥爭，更證明筆者早前所講，《基本法》對中國而言，只是邊陲地區治術的一部分和權宜的產物；在黨大於一切的社會主義法制下，政權可以完全放棄法律理性，以國家安全和行使監督權為名，「超譯」《基本法》。

在英殖年代，殖民政府一方面要樹立「法律面前人人平等」的普通法，又要保留鎮壓異見的惡法，就需要各種配套去完善這套殖民法治工程；同樣，今日政權要牢牢抓住香港的法律制度，「名正言順」壓倒香港社會篤信的自由人權和司法獨立，當然備有全面的策略。那麼，政權今日除了繼承殖民遺產如《公安條例》、《刑事罪行條例》等嚴刑峻法來打壓異見者外，還有什麼板斧？

中共的第一道板斧：意識形態鬥爭

意識形態之所以造成「鬥爭」而非「論爭」，是因為它不只是紙上談兵，而是國家透過權力操作，加諸制度文化和日常生活的策略。首先，針對香港社會崇尚的三權分立，政權就以「三權合作論」來反駁，由二〇〇七年習近平來港強調行政、立法和司法三權要合作，到後來的「特首超然論」，抹煞三權分立互相制衡的精神，就是要矮化立法和司法機關。具體的操作，就是藉去年政府修訂逃犯條例，砍掉立法會審議移交逃犯的角色，改成行政長官決定是否啟動移交，直接交由法庭審理。

其他例子，包括中聯辦高調批評民主派立法會議員在內務委員會「拉布」選主席，令議會無法審議政府法案；人大法工委和港澳辦炮轟禁蒙面法的司法覆核案原初裁決，指法官判處該法違憲，對社會構成負面影響；當政府上訴得直後，又點評其裁決有利特首和政府施政。然而，該案尚未上訴到終審法院，京官已迫不及待就案件一錘定音，對終審法院的法官如何是好？

這就牽涉第二個意識形態鬥爭戰場，就是北京針對香港的高度自治和司法獨立，創造了對港

「全面管治權」的論述。

二〇一四年，中共國務院頒佈《一國兩制白皮書》，指全國人大常委會除了擁有香港基本法明文的解釋權外，還包括修改特首各立法會選舉的決定權、「對香港特別行政區立法機關制定的法律的監督權」、對香港特別行政區進入緊急狀態的決定權、以及向香港特別行政區作出新授權的權力」。這論述的具體操作，活現在港澳辦和中聯辦指斥內會遲遲未選出新主席，以及威嚇民主派議員要為反對政府應付新冠肺炎造成經濟損害而成立的「抗疫基金」撥款「埋單」。當中聯辦被指干預香港內部事務，中聯辦就反駁它有權就立法會事務等發聲及行使監督權。這個「監督權」，就源出於白皮書。但白皮書既非憲法，又非基本法，只是國務院的文件。

白皮書更明言，除了行政和立法機關人員外，連各級法院法官和其他司法人員也屬於「治港者」，要承擔「維護國家主權、安全、發展利益，保持香港長期繁榮穩定」的職責，而「愛國」就是對治港者的基本政治要求。白皮書要求司法人員負起具體的政治任務和政治忠誠，正好呼應匿名法官在路透社訪問的呼喊。

司法能否獨立運作而不受干預，除了關乎法庭裁判，也關乎司法人員——尤其是法官——的任命是否有公信力。無論在民主或威權政體，任命法官本身就是一個極度政治化的行為，折射政府和司法機關的張力。英國任命法官傳統是擇優制（merit-based），但同時英國有議會至上的民主體制，即使司法人員任命是標榜專業和選賢與能的「閉門造車」模式，也不會衝擊國家民主。而美國任命聯邦大法官的制度，雖然由總統提名，國會多數通過，但箇中有不少選拔規程，加上美國有成文憲法，即使任命過程充滿行政、立法機關的政治角力，選拔嚴謹，亦保障美國的法治和司法獨立水平。否則，美國早被稱為法治水平和司法獨立低落的國家。

香港選拔終審法院（終院）大法官的程序，由司法人員推薦委員會負責。它是一個由法官、律政司和法律專業團體代表組成的委員會，向特首推薦人選，特首有實質確認權，之後要交由立法會內務委員會通過。可以說，遴選法官的第一階段，原意的確是由專業界別自行審視和挑選。但之後，從憲制層面來說，任命終院法官可以如何不「政治化」？不如直接由特首任命，無需經立法會審議？還是「非政治化」終院法官的任命，就是將立法會當橡皮圖章？

香港的弔詭之處，就是體制不民主之餘，社會大眾只能篤信法律界和司法人員能專業自主，捍衛自殖民年代建立，充滿殖民色彩法律系統建立的「法治」精神和司法獨立。其中一位匿名法官在路透社專訪指，如在甄選法官過程中出現任何干預，都可能引發其他法官辭職。然而，法官能否向二〇一四年白皮書指「法官都要愛國」說不？法官能否有抵禦自我審查的條件？

在香港任命法官過程的兩難就是：它既要力免任何外來的政治勢力干預司法人員推薦委員會遴選過程；但它排拒政治干預的方法，反而是要高舉專業、維持最低的透明度，以免外人窺其堂奧。但專業精英是否必然免疫於政權的政治干預？

中共的另一道板斧，就是統戰精英

政權要將這套威權法治的意識形態移植到香港，除了用制度權力，還需要有一群法律精英，以律師的專業形象和語言，為政權抓緊法律制度護航。二〇一六年立法會選舉，建制派扶植不少具有事務律師或大律師背景的人士當選議員，其中有人不諱言得到中聯辦支持。他們就任初期，就在親中媒體提出要建立跨黨派的「律師合作平台」，表面上是要「澄清法律觀點」，實則就是要「對沖」民主派自由主義味濃的法治論述，增加中共社會主義法律觀的曝光率。

同時，政權一直著手統戰法律專業。相對於自僱和無法在內地執業的大律師，律師事務所因著二〇〇三年《內地與香港關於建立更緊密經貿關係的安排》之便，獲得聯營內地的法律服務市場、協助中資來港首次公開募股等商機。經濟誘因對專業組織運作有無影響？二〇一九年律師會改選，有理事在社交媒體透露收到對話截圖，當中有人表明「中聯辦希望你在今屆律師公會改選時支持下列人士」，並附上一張包括立場被指親建制名單，令人質疑中聯辦連專業公會的內部選舉也要控制。

律師會有無為政權的法律觀及其法律精英背書？中共頒布白皮書之後，當時的律師會會長林新強公開指要求法官愛國沒有問題，又公開稱讚中國共產黨，最終被會員以大比數投票不信任；二〇一六年立法會選舉過後，律師會在官方刊物訪問五名新當選建制派律師並作封面人物，但當屆實情共有十三名有法律專業背景人士當選議員，律師會卻「篩走」有律師背景的民主派議員。

二〇一九年反修例運動以來，時任律師會會長彭韻僖先後在電台節目和法律年度開幕典禮發言，強調「法治基本概念是守法」、「即使違法仍可維護法治是明顯謬誤」等等。她和官方「依法治國」、反對公民抗命體現法治的觀點不謀而合。由於她當時是以律師會會長的身份演講，客觀而言，就是以律師會的權威，確立了符合政權利益的法治論述。

無論社會大眾是否認同白皮書的中共法律觀，政權亦會繼續利用凌駕《基本法》的人大權威改造香港的法律意識型態、統戰法律專業、侵犯人權和貶抑司法的威權法治工程。

威權法治之下，首當其衝的，就是參與政治運動和公民抗命而承受法律打壓的異見者。

*本文初稿撰於二〇二〇年四月二十一日

原題〈基本法以外的威權法治工程〉，刊於香港《明報》

主權至上的法律意識形態

香港人理解的法治精神，由重視守法到追求制約政府權力，提升到今天講求保障自由平等，甚至認知公民抗命和法治兩者並非必然對立等，可以說是建基在一套「權利意識」主導的法治觀，而這卻正是當權者落實「全面管治權」的障礙。所以，善於抓緊意識形態管治的中共，當然要爭奪司法和教育的話語權。

當權者要移植內地的法治觀念到香港，有兩個層次。底層是將重視政治和社會秩序的「法紀」凌駕重視個人權利的「法治」；上一層是將主權置於凌駕憲法和法律之上，強調其超然地位。這套觀念，可視為主權意識至上的法治觀。

《紐約時報》在二〇一九年有一個專題報導，探討一班中國官方學者和今日北京以強硬路線治港的關係。[1]前者生產論述，為強硬路線提供理由和正當性，例如北大的陳端洪，在二〇一八年提交《香港國家安全立法的兩難困境》，並得到中共中央辦公廳調研室採納；另一位北大學者強世功，是公認為二〇一四年一國兩制白皮書的起草人之一。了解他們的法治論述，或許能透視

[1] 儲百亮，〈「還得中共去收拾爛攤子」：習近平強硬政策背後的智囊團〉，載於《紐約時報中文網》，二〇二〇年八月三日。連結：https://nyti.ms/2QP87nc。

北京抓緊司法、法治和教育的理論基礎。[2]

強世功在二〇〇七年曾撰文，評論九七後「馬維騉案」和「吳嘉玲案」[3]是中央與特區法院爭奪司法主權的政治鬥爭。強世功認為，主權是「當憲政秩序陷入危機的緊急狀態中為應付緊急狀態而超越憲法規範做出的政治決斷權。誰擁有這種超越憲法規範的決斷權，誰就成為主權

2 北京大學憲法與行政法研究中心季度簡報，二〇一八年第二期，第一頁。

3 **馬維騉案**：馬維騉與同案兩名被告被控於一九九五年六月犯下普通法的「串謀妨礙司法公正罪」，案件於一九九七年六月十六日開審，並於香港七一回歸後兩天的七月三日續審。被告此時以《香港回歸條例》挑戰臨時立法會的合法性，主張普通法在政權移交後已失效，且香港臨時立法會並非依據《基本法》合法成立的特區立法機關，故其制定的《香港回歸條例》（第一五六章）中規定普通法在回歸後繼續運作這點，亦屬無效。唯上訴庭裁定臨立會並未違法，且是落實《基本法》的必要機構，其通過的法例有效；而作為一個地方或區域性法院，它無權推翻主權機關（如全國人大或其常委會）的行為。這是香港回歸後，首次提出這個議題：香港法院並無司法管轄權去審查全國人大或其常委會的立法行為。（參判決書：CAQL0001_1997號）

吳嘉玲案：一九九八年，香港高等法院裁定港人在中國大陸生的子女具有居港權，但自一九九七年七月一日香港回歸起，香港居留權受《基本法》第二十二條限制，即在港無證兒童須先回中國大陸申請居留權證明書，才可來港。由於本案主角吳嘉玲（當時十歲）乃回歸後才偷渡來港，故判決敗訴，未能獲得居港權。唯一九九九年一月，終審法院裁定，港人在中國大陸所生子女皆擁有居港權，此判決推翻了當時《入境修訂條例》所規定（只有當出生時父母已享有永久居港權，港人在中國大陸生的的子女才能獲得居港權）。（參判決書：FACV000014Y/1998號）香港行政長官遂於一九九九年五月，提請中國全國人大常委會釋法；唯《基本法》第一百五十八條明文規定，只有終審法院才有尋求中共全國人大常委會釋法的權力。人大釋法結果為：只有獲批單程證的香港永久居民在內地（中國大陸）所生子女才享有居港權，出生時父或母仍未成為香港居民者，則無居港權。

者」。[4]

強世功在文中明言，法律規範「不過是不同政治力量進行政治博弈中可以利用的資源或『法律淵源』而已」。[5]換言之，主權者是否依法辦事並非重點。九七前全國人大認可特區籌委會決定成立臨時立法會，正是國家主權超越法治作政治決斷的體現。

強世功接著比較「馬維騉案」和「吳嘉玲案」兩宗有關香港憲政的案件，認為終審法院在「吳嘉玲」案中否定「馬維騉案」關於香港法庭不能挑戰主權者的行為，是因為終審庭把《基本法》理解為憲法，同時將之理解為「一部美國式的具有三權分立特徵的憲法」；他進一步批評法庭當時的作法，將「主權者的行為置於自己的審查之下，以確立特區法院至上的司法主權地位」。[6]

強世功二〇〇七年對香港法庭的批評，可能是日後《一國兩制白皮書》、人大就高鐵「一地兩檢」決定、甚至是人大法工委在二〇一九年反駁香港高等法院就《禁蒙面法》違憲審查裁決的理論基礎。到二〇二〇年，這套主權意識至上的法治觀或法律意識形態，再一次反映在基於人大「決定」而延長任期的第六屆立法會。人大釋法（解釋《基本法》），在《基本法》有明文規範；但人大以「決定」方式處理香港憲制問題，卻完全超越《基本法》。無論民主派議員如何力

---

4 強世功，〈「和平革命」中的司法管轄權：從「馬維騉案」和「吳嘉玲案」談香港秩序轉型中的司法主權之爭〉，載於陳弘毅、鄒平學編，《香港基本法面面觀》香港：三聯書店，第一六五頁。

5 強世功，第一六九頁。

6 強世功，第一七二至一七三頁。

陳延任是違法違憲，對當權者而言只是政治姿態，因為民主派議員行動上已配合了人大決定、成為反對派主動接受人大《基本法》作決定的先例。

「權利意識主導」和「主權意識至上」兩套法治觀之差異，在於其法律及司法制度背後的價值規範。前者的價值基礎是個人的自由權利，後者的核心價值是統治者的主權。用權利主導法治觀來分析，主權有凌駕地位就不是法治，而是人治；用主權至上法治觀來解讀，沒有主權就沒有法治。

以上比較只是呈現了兩種法治觀的差異，但沒有指出比較的局限。

第一個局限是比較的二元化。「主權」的概念是由西方而來，自由民主國家並沒有放棄「主權」的重要性，問題是「主權」的正當性從何而來。強世功在過去的文章試圖將今日國家政權的正當性追溯至上承大清帝國，作為今日國家主權的歷史和理論基礎，與自由民主國家強調「主權在民」分庭抗禮。然而，何以繼承晚清大統，就等於其主權是正當的？主權的基礎是來自歷史的「路徑依賴」，還是「主權在民」？如果中共選擇前者，豈不是說中共統治的合法性，是來自共產主義所鄙視的封建皇朝？

第二個局限，就是道與器的問題。道者，政權的法律意識型態也；器者，將其意識型態制度化、並為其搖旗吶喊者也。政權要落實這套主權至上法治觀，不是單靠官方文告和輿論攻勢就能成事。它需要收編法律精英為其背書，也要實質設計出相應的法律和制度實質地「宣示主權」。對中共來說，這牽涉相當複雜的法律技術和對社會政治風險的評估，才能接通內地的社會主義法制和香港的普通法制，從而間接移植內地法制到香港。

但二〇一九年港府提出修訂《逃犯條例》，容許香港單次移交逃犯到大陸，釀成一場完美風暴，連強世功也不禁承認「在『一國』之內香港、臺灣和內地之間的司法協助問題都搞不定……就知道我們距離全球治理有多遠。這就意味著我們應該老老實實、更加虛心地學習。」[7]不過，當權者在反修例運動爆發一年後的「學習成果」，就是推出港版《國家安全法》。《國安法》完整呈現強世功推崇國家凌駕法院的司法主權，但它的條文內容是否能和普通法的原則接軌，就引來學界和法律界的質疑。

最後一個局限，是相對主義的盲點。如果兩套法治觀的分別只在於背後的價值規範，而兩套規範的「含金量」是對等的話，反過來說即等於沒有一套價值是絕對的，故兩套法治觀的凌駕性也是相對的，等於中國內地學者視西方思想並非普世價值一樣。故此，哪一套法治觀更可取，已無關理性，而是靠「拗手瓜」的權力邏輯決定：誰更有權有勢，誰的觀念便應成為主流。結果可能是令法學教育及法律研究的目的由追求真理變成為權力創造真理，猶如大陸一班靠攏政權、為其背書的官方學者一般，對思考法理有弊無利。

*本文初稿撰於二〇二〇年十月五日
原題〈主權的語言〉，刊於香港《明報》

7 尹瑞麟，〈北京學者強世功表示中國應從「逃犯條例」汲取的教訓〉載於《眾新聞》，二〇一九年七月三十一日。連結：https://bit.ly/3dMRTDY。

取締三權分立的全面管治權

二〇二〇年十一月初，最少八名民主派人士被警方拘捕，他們在五月八日立法會內務委員會抗議李慧琼主持會議是「非法」行為，被指違反《立法會（權力及特權）條例》（下稱《特權法》）下的「藐視罪」及「干預立法會人員」。

有網民在社交平台嘲諷被捕者和參與「萬年國代」的民主派議員向中共輸誠而留在議會，仍然換來被捕的後果，實在自討苦吃。這類說法對我來說相當刻薄，實情是早在僭建立法會任期前，民主派議員已先後因在議會抗爭而被警察以特權法拘捕。事實證明，民主派議員接受人大委任，留在僭建任期的立法會，不會降低抗爭的政治和法律風險，風險反而會愈來愈高。對議員個人來說，要在議會抗爭，等於「賭身家」和「賭命」。

根據《基本法》，立法會議員在立法會會議發言不受法律追究；議員在會議期間和赴會途中也不可以被拘捕。[1]今次拘捕議員，行政機關控制的警察和律政司大可說被捕者的行為不算是「發言」；拘捕行動亦非在議員出席會議或赴會期間進行，故並未違憲。

但這種解讀，卻試圖抹去這兩條《基本法》條文是用來保障立法會議員監察政府的職責，不

[1] 香港《基本法》第七十七及七十八條。

會被行政機關秋後算帳。阻止「立法機關越權以方便行政機關辦事」的抗爭，本來是香港議會制衡政府所餘無幾的手段，如今警方以特權法來事後拘捕議員，正式拆走議員監察政府的保障。如果被捕者最終罪名成立，以後無論有無選舉，廁身議事堂的議員，就難以繼續肢體抗爭，甚至連「狙擊」會議主持導致會議中斷和「拉布」，也有可能被行政機關視為「引起或參加任何擾亂，致令立法會或該委員會的會議程序中斷或相當可能中斷」。[2]

過去有朋友想像過警方會公然犯禁，衝入議事堂拘捕正在抗議的反對派；這些戲劇性的畫面雖未成真，但今次議員抗爭後被捕，本質上就是行政機關以執法部門來打壓議會內的在野黨派，反映行政機關不介意破壞行政立法關係，甚至要進一步控制立法機關的手段。將此事放回更早幾個月的政治脈絡，就不難明白，政府延後選舉一年，就是要做更好的準備，以一年時間「馴服」議會的地位和選舉操作，提高操控選舉和控制議會的能力。

政府在二〇二〇年的夏天，打開香港有無「三權分立」的論戰，要推翻過去的論述，強調北京全面管治權，香港體制是行政主導云云，就是要在輿論層面，為打壓立法以至司法機關作理論鋪墊，使日後削弱立法和司法機構實權「師出有名」。其後，政府不斷放風要搞只限中國大陸境內進行的境外投票，試圖以制度設計來影響選舉結果；民主派議員預告會全力阻擋選舉修例，政府如今便拘捕參與議會抗爭的泛民人士。

[2] 香港《立法會（權力及特權）條例》第十七（c）條。

威權政體為了保證選舉結果有利執政黨，其中一個手段就是威嚇繼續參與政治選舉的反對派。警方拘捕反對政府和議會濫權而抗爭的議員，卻迴避地「選擇性不檢控」同樣被民主派指控參與肢體衝突的建制派議員。顯而易見，政府要達到的效果，是日後即使恢復選舉，當選的議員只要在議事堂抗爭，被捕風險大大提高。政府可能覺得這手段，毋須解決問題，只需要解決提出問題的人，就可以阻嚇有志抗爭的反對派參選；勝選的議員也只會做「乖孩子」，行政立法關係自然「暢通無阻」。

既然這場拘捕是政權消滅三權分立、壯大全面管治的一環，那麼打壓司法機關，也是不可或缺的。然而，去年人大法工委批評高等法院裁決《禁蒙面法》違憲後引起軒然大波，當權者便改變策略，把針對司法機構和法官的施壓行徑，偽裝成一場由下而上的鬥爭。

政權藉官媒發炮，針對香港高等法院法官何俊堯審理反修例示威案的言行，認為他批評作供警員不當，又藉訪問加入董建華和梁振英牽頭的「香港再出發大聯盟」、在早前撰文批評法院「助長」街頭混亂的前終審法院法官烈顯倫，提出要「司法改革」。官媒早前連日刊登「司法改革系列」的專題報導，提出設立量刑委員會、司法人員要定期往內地受訓學習國情等措施。港澳辦副主任張曉明之後更明言支持烈顯倫改革司法系統的建議，這些輿論攻勢，除了令處理反修例、國安法和議會抗爭案件的法官感到壓力外，就是要迫使司法人員盡快表達政治忠誠，服膺北京的全面管治權。

政權一步步打壓立法機關、狙擊司法機構，是建立全面管治的大工程。反修例運動揭示香港法治的脆弱，同時掀起政權和司法界的鬥爭。香港經過這兩年的磨練，已撕破「無民主有法治」的偽裝，揭露「政制不民主，司法難獨立」的真相。但這些殘酷的真相，會在香港社會製造更大的無力感，還是可以凝聚更多香港人丟掉幻想，準備長期抗爭？

*本文初稿撰於二〇二〇年十一月二日
原題〈打壓立法機關、狙擊司法機構、建立全面管治〉，刊於香港《明報》

刑檢就是政治

誰是破壞法治的元凶？

二〇一九年十二月八日，民間人權陣線獲得警方不反對通知書而再次舉辦「國際人權日」大遊行。民陣宣布有八十萬人參與，是同年八月十八日一百七十萬人參與的「流水式集會」之後，最多人參與的一次「合法」遊行。

可惜的是，政府對遊行的回應，只是一紙聲明，集中批評遊行期間，高等法院和終審法院先後被人縱火，指對香港法治造成極大傷害。

法院確實被人縱火；終審法院的外牆更被人被噴上「法治已死」四字。無論是親政府陣營，抑或支持民主的香港人，均對過去幾年針對抗爭者和司法覆核（違憲審查）的司法裁決不滿，社交平台更多了人身攻擊法官的言論，公眾對司法機關的公信力愈來愈抱疑問。

攻擊法院是否衝擊法治？香港「法治已死」之說，又是否確切？

要回答這兩個問題，首先要拆解三個觀點。

第一，法治是否「已死」，端視乎我們認為法治是什麼。如果我們認為法治只是依法而治，那麼香港的法治當然「未死」。因為不論法律的內涵本身是否保障人人平等，抑或是嚴刑峻法，只要依法而行，就有法治。在這意義上，納粹德國和中共都是法治健全的地區。

不過，如果我們對法治的要求再高一點的話，問題就來了。比如我們常說：「法律面前，人人平等」，無論是官宦抑或庶民，法律都應保障其權利、一視同仁地制裁犯法者。然而，單靠法庭，其實無法保障「法律面前，人人平等」。例如近年「DQ」（英語disqualification的縮寫，指撤銷資格）立法會議員和選舉參選人的事件，明顯是政治篩選，是歧視個別政治意見和信念的舉動，現時卻有人大釋法加持，高等法院亦確立了選舉主任有權力進行篩選。從此可見，如果一個司法管轄區的憲法本身並不保障平權，那麼即使法庭有違憲審查權，具歧視性的法律，也不必然因違憲而被廢除。

而且，執法部門和檢控部門，是否依從上述原則，公正地拘捕、檢控犯法者到法庭接受審訊，也是疑問。具體的例子，就是香港的反送中運動。截至二〇二〇年九月三十日，有過萬人因抗爭被捕，超過二千二百人被落案檢控，比率只有約兩成；然而，沒有任何警務人員因為違法濫權而被捕。不少傳媒錄像和即時轉播均顯示有前線警員使用過度及不必要武力（例如實彈）的情況，多個人權組織也以實證報告指出警察濫權的情況。但不少前線警察從不佩戴委任證、警方也從未拘捕任何涉事警務人員，和二〇一四年的雨傘運動，警察起訴毆打示威者的七名警員和以警棍攻擊途人的警官，前後做法大相徑庭。

第二個觀點，法治和司法獨立是兩個不同但非常相關的概念。司法獨立是保障法治的重要一環，但並非法治的全部。法官能否有獨立作出裁決，不受任何外來壓力影響，當然是衡量法治是否健全的指標之一。但香港的法庭並非包青天，沒有主動調查案件的權力，什麼人會被帶到法庭審訊，是警察和律政司的責任。

當執法者不公正地處理同袍違法的行為、律政司選擇性檢控被捕人士，單靠法庭就難以滿全「法律面前，人人平等」的原則。

第三，任何破壞法院建築物的行為均屬刑事罪行，但這不等於法治受到破壞。如果我們要將破壞法院與破壞法治或司法獨立連上關係的話，首先要考量破壞行為有無或是否旨在影響司法程序。例如，破壞者有否藉其行為，提出針對法官、訴訟方甚至司法裁決的警告，或者破壞行為是否意圖或實質妨礙了當時的司法程序，例如阻延聆訊、燒毀文件，甚至威嚇或傷害法院人士等。何況，警方至今仍然沒有證據推論破壞者的身份和動機。過去不時有報導，一些輸掉官司的市民在法庭會「踢櫈踢櫈」、甚至敲打法院內的門窗洩憤，但這些破壞行為肯定無關法治。

綜合上述三個觀點，攻擊法院，和衝擊法治確無必然關係；香港法治是否已死，其實很取決於我們認為法治應有什麼內涵。如果我們將維護法治的重任單單壓在法庭身上，而忽略行政機關的影響，其實對司法機構相當不公平。

在遊行示威期間發生燒法院大門的事件，客觀效果是將法院制度拖入政治爭端。但妥當的處理方法還是要返回基本，以刑事程序的準則確定涉事者及事件真相。

警方有責任將涉嫌干犯刑事的人緝拿歸案；只要執法者、檢控者和法庭秉公辦理，法治就得以維持；反之，如果警察和律政司不斷縱容干犯刑事的警員，法治就會受到破壞。

*本文初稿撰於二〇一九年十二月十日

原題〈破壞法院等於破壞法治嗎？〉，刊於香港《明報》

檢控官如何在法庭操作政治？

香港的刑事司法制度，由執法的警察負責偵查、拘捕，交由律政司基於證據和適用法律作檢控。律政司司長是政治問責官員，由中共中央人民政府任命，故律政司司長領導本應獨立運作的檢控工作，一直為人垢病。至於刑事司法程序，審訊的最基層單位是裁判法院，在裁判法院進行聆訊的控罪範圍廣泛，較嚴重的可公訴罪行，律政司可以申請移交區域法院或高等法院原訟法庭審理。區域法院以上的法院方設有陪審團。下圖以在區域法院進行的刑事司法程序為例，解釋刑事案件審訊由被捕到判刑的流程。如果該案件在裁判法院審理，則只省略移交法院的程序。

前文談到法治和司法獨立是兩個密不可分的概念，但法治絕不等於司法獨立。邏輯上，法官和裁判官負責審訊經執法部門（警方）和檢控部門（律政司）呈遞的案件，但這兩個份屬行政機關的部門如何選擇、先發敘述案件，實非法官之責。

刑事檢控社運人士，可以是不偏不倚的公權行為，也可以充滿政治色彩。一位具有法律專業背景的社運人士 Carolijn Terwindt 在二〇一九年末出版專著《當示威變成罪行：自由民主下的政治與法律》，透過比較西班牙、智利和美國針對社運人士的刑檢制度並訪問三地檢控官，嘗試打

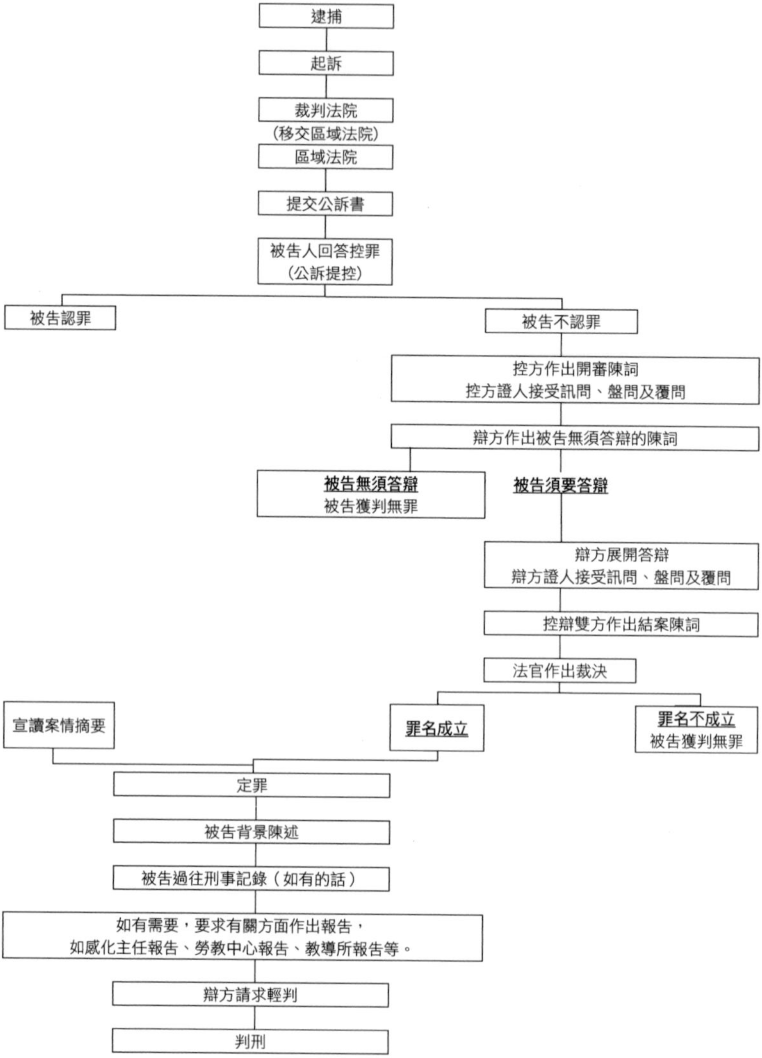

香港的刑事審訊程序（以區域法院為例）

（圖片來源：香港特別行政區司法機構網頁，連結：https://bit.ly/3aBLGsG。）

破「刑事檢控政治中立」的迷思。[1]

傳統智慧認為，民主社會下的法律制度，依從自由法律主義（liberal legalism）的套路，將犯罪視為個人盤算及行為的結果；但從社會學角度而言，刑事法的功能是在分歧的社會，協助政府控制社會（social control）。即使檢控官強調刑檢以公益為圭臬、法律以保障普遍的個人權利為依歸云云，現實是法律終究是不同集團維繫、競逐利益的工具；檢控官在法庭提出的檢控敘述（prosecutorial narratives），就成為不同利益集團正當化打壓社運或宣稱自己是受害者的基礎。檢控敘述並非單純陳述案情，它隱含控方選擇如何描述處境、詮釋事實、選擇元凶等等。控方如何敘述、描繪、扣連案情與背景，就會影響被控人士「該當何罪」。

在自由民主國家，檢控官確信自己不偏不倚，只是一位應用經民主制度訂立的法律之公僕。但事實又豈會這樣完美？Terwindt先後在三個國家訪問檢控官，得出的結論正好相反。不少受訪者承認，他們有不同方法將案件事實「適應」在既有的法律規範，決非單單應用法例（applying the law）般簡單。然而，他們為了保住檢控的權威與正當性，維持「不偏不倚代表公益」的形象，就要搬出法律的「神主牌」，強調依法用法，掩藏檢控者面對不同利益集團的盤算。

控方為了服務政權的利益，面對反抗政權而被捕的抗爭者案件，通常採取兩種策略，第一種是「轉移視線」。當權者以刑事檢控社運人士，本身就是一個將政治訴求「靠邊站」的策略。這

---

[1] Terwindt, Carolijn (2019) *When Protest Becomes Crime: Politics and Law in Liberal Democracies*. London: Pluto Press.

意味著政權將示威者的政治訴求是否合理的爭議，轉移成一個刑事問題，以刑事程序處理。一方面，自由民主政體下的刑法制度強調政治中立、不考慮案情的處境，將政治訴求「掃地出門」。另一方面，政權將與示威者的政治角力扭轉成犯法與否的問題時，就會將示威者塑造成罪犯、暴徒，從而有利政權拒絕妥協的取向。控方亦有更多空間將公眾輿論和傳媒焦點轉移到刑事案件的法律細節。

例如，智利原住民馬普切族與外來利益集團爭持土地與天然資源，最後演變成各方衝突。抵抗者成為「罪犯」、檢控官以《反恐法》控告示威者破壞私產、地主又多番強調「我們不會向恐怖份子妥協」云云，令原住民與外來者的政治矛盾，更難透過談判解決，公眾焦點也會由馬普切族的生計問題，轉移到運用反恐法用作抗爭者身上是否適切。

第二種策略，就是「上綱上線」。檢控官將個別刑事案件牽連到政治大環境甚至歷史背景，試圖論證刑事毀壞或搗亂份屬地下恐怖主義活動和分裂國家，令案件的層次由保障個人及財產安全，上升到國家安全與民主政體的問題。但民主和國安問題，不必然和個別罪案有直接關係，但控方總會「蒐集」證據，引用被告的網上言論和公開文本，在刑事敘述中塑造被告行為有固定規律，證成被告並非個別人士，而是參與有組織或集體行為，從而以門檻更低、刑罰更重的《反恐法》作出檢控。

回到智利的例子，檢控官以《反恐法》起訴示威者破壞私人地方，就能以該法例賦予的權力隱藏證人身分，但馬普切族憂慮控方之舉，有利於收受利益者能夠保密身分，指控保護家園的抗爭者。而在西班牙，當檢控官以《反恐法》起訴當地抗爭者時所用的證據，就包括一些在示威現場公開展示的分離主義武裝組織成員近照。「上綱上線」的效果，就是控方用似是而非的證據和論述去強調示威者早有預謀、背後有未知勢力操控云云，從而引用更嚴厲的刑法去懲罰他們、打壓示威。

Terwindt的比較研究，旨在打破「犯法就是犯法」、「法律與政治無關」的慣性思考：即使在自由民主體制下的刑事檢控制度，也能成為當權者的政治工具，關鍵在於不屬於司法機關的檢控方如何將政治問題扭轉為刑事問題，令反抗政府的示威成為一種罪。

西班牙、智利及美國的案例，和香港法庭審訊反修例示威案有無直接比較的價值？香港連自由民主制度也欠奉，即使有司法獨立，又如何能保證檢控獨立和專業執法？在威權法治之下，只要執法和檢控兩方不公不正或耍手段，增加抗爭者被捕的政治和司法成本、又把政治壓力全數轉嫁到法庭，那麼執法者和檢控者，當然是威權政體破壞法治的打手。

＊本文初稿撰於二〇二〇年一月七日

原題〈刑檢的政治〉，刊於香港《明報》

抵抗威權法治

拒絕迷信殖民「法治」

二〇一七年夏天，十三位反對新界東北發展計劃的抗爭者和三位雨傘運動的學生領袖，因著香港律政司向法庭提出刑期覆核，終由上訴庭推翻之前下級法院的判刑，將十六位充滿理想的抗爭者送入監牢。

政府覆核抗爭者刑期，被視為弄權打壓異己，輿論譁然，群情洶湧。不過，在聲援「新界東北案」入獄者的晚會，有立法會議員發言指，不能因為一單案件就對法庭失去信心，港人仍要相信香港的法治，因為這條防線不能失守。筆者聽後，認為此論頗堪玩味，值得細思。

威權政體信奉以法管治（rule by law），不視法律是限制政府權力的防線，而是鞏固政府權力的管治工具。香港背靠威權中國大陸，又有「人大釋法」作為政權強大的「法律武器」，在體制上實不足以抗衡「有權用盡」的威權政府。

「以自由民主為本的法治」與「威權政體的以法管治」在理念上南轅北轍，前者強調以公正的法律限制政府，保障人權；後者則將法律從屬政治權力，除了透過嚴刑峻法打壓異見，也開始懂得利用法庭的「光環」去鞏固統治。當中的佼佼者，不能不提新加坡。

法律學者Jothie Rajah在《威權式的法治：新加坡的立法、論述與正當性》一書指出，新加坡實行以法管治的指導思想，是將法治當中的自由民主價值，從屬於國家經濟發展和危機意識濃厚的「生存至上論」，有策略地將不少維持政權利益、限制人權的法律包裝為法治的體現。[1]換言之，就是新加坡式的「儒表法裡」。

這策略之所以奏效，和新加坡的殖民歷史有莫大關係。世界歷史經驗可見，追求（民族）獨立的反殖鬥爭，也許是凝聚群眾重視個人權利和法治，以及打破殖民式法管的一個決定性事件（the one defining event），但這並未在新加坡的獨立過程出現；反之，新加坡獨立後，幾乎完全繼承殖民政府的司法體系和其強大的、非自由主義式的法律傳統（powerful illiberal ideological tradition）。新加坡殖民政府將法管發揮得淋漓盡致，藉法例賦予政府控制各種發牌、監控、攏絡利益集團。所謂「法治」，只是面紗。

Jothie Rajah引當地《出版法》、《宗教和諧法》等為例，指出它們的條文排除自由法治的內涵，融入殖民年代《內部安全法》的元素——即行政機關在緊急狀態下能蓋過司法機關運作、甚至防止司法覆核——令緊急權力能透過法律條文在正常狀態下運作。另一邊廂，新加坡的《法律專業法》亦曾規定，法律專業團體只有得到政府邀請，才可以評論法例，削弱律師公會維護法治發聲的力量。

新加坡政權一方面通過歷史論述建構，例如多番歌頌殖民政府有效管治、殖民政府的司法體制是國家遺產等等，向公眾美化其「假法治」；另一方面，通過雙重體制（dual state）的操作，

---

[1] Rajah, Jothie. (2012) *Authoritarian Rule of Law: Legislation, Discourse and Legitimacy in Singapore*. New York: Cambridge University Press.

司法機構在商貿法制上力保公平公正迎合外資，卻在涉及政治和人權的案件以嚴法打壓異見人士，營造出「真法治」的表象。總而言之，新加坡政權抽走法治中重視人權保障的精髓，換上殖民主義以法管治的內涵，以所謂「法治程序」立法保障政權利益和限制人權。對新加坡國民來說，行使自由不再是天賦人權，而要當局批准，造就「懇求式公民」（supplicant citizen）的文化。作者總結新加坡的司法體制，本質上就是承接英殖遺產的「新殖民主義」。

相信讀者看罷上文，一定感到熟悉。該書作者筆下的新加坡，和香港的經驗有太多相似之處了。

香港由英國過渡到中國，經歷的就是劉兆佳提出的「沒有獨立的非殖化過程」。一國兩制的本質，就是繼承英國殖民時代包括司法的體制，即使香港在主權移交後設立了終審法院，在「人大釋法」的設計下，真正的終審權只是由倫敦搬移到北京。中央和特區政府過去談論法治和司法獨立，不從保障權利著眼，只聚焦吸引外資、維持投資者信心等等。

近十年來，政權對司法體制的論述，由強調「法治」的經濟效益，擴展到推廣司法體制維護執政權力的政治效益。二〇〇八年，習近平以國家副主席身分訪港，提出「三權合作論」，指行政、立法及司法機關要「互相支持」；二〇一四年，國務院發表有關一國兩制的「白皮書」，提出必須由「以愛國者為主體」的港人治港，而香港各級法院法官及司法人員也是「治港者」，要承擔維護國家主權、安全及發展利益等職責；到二〇一七年全國人大委員長張德江稱香港不實行三權分立，而是實行特首為核心的行政主導，指中央依憲法和《基本法》對港行使「全面管治權」，變相否定司法機關的獨立和制衡權力。四年後，中共主管港事的港澳辦、中聯辦、特區政府齊聲指香港沒有三權分立，甚至將前法官有關「香港三權分立」的簡報在網站移除。

在上述的歷史和政治結構下，儘管香港仍然有司法覆核和人權法，整體的「法治」也會逐步被威權法治的意識型態所侵蝕。

從具體司法操作來看，政權除了有「人大釋法」的「尚方寶劍」，更懂得活用《基本法》和英殖法律遺產來鞏固統治，例如香港主權移交後的臨時立法會，恢復了英殖過渡期廢除的《公安條例》若干條文，凡遊行集會，主辦者必須先得警方發出「不反對通知書」方為合法，等於行使集會自由要有警方批准。

前述被覆核刑期上訴的十六位抗爭者，本因觸犯公安條例而被捕；但他們之所以被加監判囚，並非由法庭主動提出覆核，而是由政權任命的律政司提出。政府「有權用盡」要求覆核刑期，更明言上訴庭的判決書為日後同類案件提供量刑準則的指引，客觀的政治效果就是主動藉法庭提高日後參與社會行動的風險，以及剝奪在囚者未來五年不得參選區議會和立法會的權利。

今日香港法律制度的特色，就是「新殖民主義」和「以法管治」。

律政司提出覆核社會運動參與者和組織者刑期的上訴判決出爐後，坊間對判辭以至法官裁決譁然，也對抗爭者因律政司覆核刑期而鋃鐺入獄感到憤慨。回應者、評論者有從判辭內文入手，分析判決合理性；亦有從法律專業技術著手，指出如何從現有體制的空間去繼續上訴，推翻結果。但新加坡的經驗告訴我們，一個繼承殖民司法體制的威權政府，其法律制度和文化結構斷不會以促進法治為依歸。要準確理解香港有無保障自由人權的法治體制，總要扣連歷史、政治、經濟的條件和限制作分析。

筆者相信法治，不是因為香港已經有真正的法治，而是因為更相信民主。唯有真正民主化，方能保障法治。香港人也不能再迷信殖民年代留給我們的「法治」面紗，而要認清：中國法制打壓人權，不等於英國遺留的法制全面體現法治。在香港推動民主，和推動體制去殖化以達致真法治，其實是分不開的。

*本文初稿撰於二〇一七年八月十九日
原題〈今日香港——威權式法治的另一案例〉，刊於香港《明報》

法律精英與公民社會並肩

從縱向的角度看，香港的威權法治從英國殖民統治、英中主權移交、中共對港實施《基本法》及移植其法治觀念及操作而來。從橫向比較政治的角度，威權法治，正是今日威權政體（authoritarian regimes）重要的管治手段。

正如上一章所述，威權政體司法制度背後的價值基礎，不是法治（rule of law），而是法管（rule by law）——法律和司法系統僅僅是政權的工具，而非防止濫權的制度；即使其憲法保障行政、立法和司法三權「分立」，在當權者操控之下，三權也無法發揮互相制衡的作用。

今日威權政體的成熟之處，在於無需事事嚴刑峻法，亦能收法管之效。學者 Tamir Moustafa 和 Tom Ginsberg 在*Rule by Law: The Politics of Courts in Authoritarian Regimes*一書指出，威權政體和極權國家的差異，在於願意保留司法部門一定程度的自主性，既能包裝自己有「法治」的形象，也能令法院成為鞏固政權的工具，例如：

一・透過司法判決加強社會控制、將反對派邊緣化；

二・維持法制一定程度自主，予公眾一個「法治」形象，鞏固政權的管治正當性；

三・控制行政官僚及處理體制內不同派系的鬥爭；

四・維持司法機關在處理商業法及私產的公信力，保障商界的產權和經貿利益；

五．透過具有非政治化形象的法院就政治爭議作裁決，使政權表面上置身事外，實際上藉判決獲利。[1]

總而言之，威權體制下的司法部門，儘管享有局部自主處理日常民事或商業案件，但在涉及政治敏感的案例，往往不敢觸碰政權，更有可能被政府利用作打壓異己的工具。

以上形容法院在威權政體下的特徵，能否映照香港的狀況？

中共全國人大在二〇一六年就香港立法會議員宣誓就任時提出反中口號作出第五次釋法，「詳盡」解釋《基本法》第一〇四條有關公職人員宣誓和「政治效忠」的規範，變相修改《基本法》內文。人大之舉，除了衝擊香港法治，本質上就是威權中國出於政治利益，利用中共《憲法》和《基本法》訂立的法制打壓反對派，既成功排斥政治異見組織日後參選議會，也向溫和民主派收殺雞儆猴之效；透過釋法提供彈藥於政權去撤銷不符新宣誓議員的資格，更能製造政治機會，令建制派在補選中有機可乘。人大選擇在法院判案前釋法，等同在訴訟過程直接施加政治壓力，令判決成為香港法制是否向政權示忠的尺度。

按威權政府的如意算盤，只要容許香港法院仍有一定自主，在無關政治鬥爭的民事及刑事案件作公正判決，做到「儆惡懲奸」，法院亦能維持公正不阿的公眾形象，保住本地商界和外資對法制的信心，繼續在香港發展經濟活動。而《基本法》第一五八條有關人大釋法的條文，從根

[1] Ginsburg, Tom, and Tamir Moustafa, eds (2008) *Rule by Law: The Politics of Courts in Authoritarian Regimes*. New York, US: Cambridge University Press, Introduction.

本上已令香港無法享有完整的司法獨立體制，加上香港特區本質上從屬一國，中國憲法不改，即使修改《基本法》，人大威權仍然無法動搖。退休法官胡國興論釋法時言希望人大「有權唔好使到盡」，正正點出關鍵：中國政府一直有權向香港法制大動干戈，只是以往未嘗用盡；如今出於政治利益，「有咁盡得咁盡」，以法管壓過法治。到了二〇二〇年中，中共在北京強行立法通過適用於香港的《國家安全法》，繞過諮詢和在香港立法的正常程序，等於完全撕破畫皮，觸發外商準備撤出香港，外國政府亦陸續直接或間接制裁特區政府以示抗議。但筆者要指出，在中共撕破畫皮前，其威權法治的手腕，一早在香港張馳；尤其在二〇一四年雨傘運動之後，政權愈來愈「敢於亮劍」，用盡一切法律工具去鎮壓異己。

香港過去數十年來，有不少法律精英和公民社會組織積極推動法治和人權教育，司法獨立、三權分立、民主憲政的理念應深入民心，但在香港特區和中國的威權體制下，理念和現實的落差，始終難以縫合。畢竟，香港早在英殖時代已無終審權，主權移交到中國後，所謂終審法院，在中國主權之下，也變成無最終釋法權。退休法官包致金早有明言，香港人應誠實地面對在沒有民主下，香港享有的只是「類法治」（approximation of rule of law）的司法制度（二〇一五年九月廿三日）。

認清現實，不等於要認命。不少國家往往需要漫長、持續的抗爭過程方能完成民主化，這過程背後，也許就是抗命的決心。爭取法治其實殊途同歸。

Moustafa 和 Ginsberg不忘指出，威權政府容許司法機關擁有一定程度的自主，其實要冒上政治風險，因為社運人士可透過向法院提出訴訟，挑戰政府政策；而法院在訴訟過程中，無可避免會提供空間予提訴者將政治爭議公諸於世，向政府施加壓力；當社運組織和法律專業團體推動司法獨立，並頻頻在法院向政府提出訴訟時，他們能建構一個「司法支援網絡」（Judicial Support Network），在司法界的平台與威權政府抗爭。兩位學者以威權時期的臺灣為例，指出當年的社運律師、律師公會和民間組織相互合作，抵抗國民黨政府，成為力爭司法自主的關鍵力量。儘管威權政府能以政治手段收窄反對派運用司法機關抗爭的機會，例如為司法覆核內容設限、改變司法部門升遷制度以利誘司法人員自我設限、及大力打壓民間和司法界主導的「司法支援網絡」等，但政治抗爭的過程永非線性，長期鬥爭亦能爆發不斷的可能。面對巨人，大衛也可以得勝。

香港的法律界除了以專業知識和地位推廣自由人權和力陳威權法治之害以外，亦能參考周邊國家司法抗爭的經驗，思考如何進一步連結公民社會，有策略地抵抗日益操弄法制的威權政府。由二〇〇五年香港反世貿示威起，有律師自發為抗爭者提供法律支援，到二〇一九年反送中運動，大批義務律師自發組織，到警署和法庭支援成千上萬的被捕人士、維護他們的法律權益，正是香港法律精神和公民社會建立支援網絡、抵抗威權法治的支點。

*本文初稿撰於二〇一六年十一月十五日
原題〈有法管無法治 不認命要抗命〉，刊於香港《明報》

美國司法抗爭的教訓

美國最高法院大法官金斯伯格（Ruth Bader Ginsburg）在二〇二〇年九月以八十七歲高齡辭世。普羅大眾、法律精英和人權組織紛紛悼念巨星隕落，並向金斯伯格對美國人權運動的貢獻致敬。

金斯伯格最廣為人道的，是她透過司法訴訟，爭取性別平權的歷程。一九七一年，身為新澤西州立大學法學院教授的她，與美國公民自由聯盟（American Civil Liberties Union, ACLU）合作草擬兩份訴訟委聘書，一份提告當局沒有保障單身男士供養年老母親可享有與女性同等的扣稅安排；另一份入稟狀控告州政府偏袒男性可享有成為未有按立遺囑而死亡的親人遺產執行人，製造性別歧視。[1]結果是美國最高法院以該案違反《美國憲法》第十四修正案的平等保護條款為由，指州法律歧視女性，故判申請人勝訴，成為美國性別平權運動的里程碑。

翌年，金斯伯格到紐約哥倫比亞大學出任法學院教授，並應邀擔任美國公民自由聯盟「婦女權利計劃」（Women's Rights Project）協調人，開始她委身平權運動之路：透過司法訴訟，逐步挑戰在美國歧視女性的法律，以漸進方式改造美國的法律條文和法律文化，使性別平等成為主流。她最後的崗位，是被委任為最高法院大法官，亦是她終其一生的榮譽。

[1] *Reed v. Reed*, 1971.

金斯伯格之所以在保障人權方面貢獻良多，既建基於她的個人際遇和心志，也由制度條件所塑造。她能用司法抗爭的方法開展性別平權運動，除了因為受害人願意入稟法庭，也因為美國公民自由聯盟（下稱聯盟）有效的資源動員。它是美國當地一所大型的全國性非政府組織，旨在「捍衛和維護美國憲法和其他法律賦予每個公民享有的個人的權利和自由」。聯盟的策略除了倡導政策和動員群眾外，更會主動參與司法抗爭。它聘用律師成為組織的僱員，為受到法例或政策影響的公民提供法律代理，或者在一些已有律師事務所代理的人權案件中隨時準備加入訴訟，成為「法庭之友」（amicus curiae）去陳述法律觀點和表達訴求。

聯盟接到個案，會和當事人、社運人士等共同商議訴訟策略，令這類違憲審查和維權訴訟，不止停留在一種防守性、保障當事人權益為本的方式去打官司，進取地把訴訟連結社會運動，直接要求司法和立法機關進行法律改革。透過善用法律資本和司法資源去謀求進步改革，在美國的法律文化和社運文化是平常事；聯盟對平權運動的觸覺和龐大的資源網絡，很大程度上支持了當年的金斯伯格發揮其心志與所長，推進性別平權運動。

聯盟的經驗，能否複製到香港？答案是一半半。

建立「免費法律服務」（pro bono legal service）義務規範

首先，香港不少事務律師有維權與尋求司法公義的心志，但香港規管法律專業的制度卻並不鼓勵律師為公民社會和弱勢社群提供免費法律服務（pro bono legal service）。香港的律師要提供有償或無償法律諮詢，首先要所屬的律師事務所購買專業彌償保險（indemnity insurance），以管理客戶控告其所聘用律師的風險；一般而言，事務律師要為非政府組織提供免費法律服務，首先要得到其受僱、已有專業彌償保險的事務所批准。至於大律師，他們雖然可以為不同群體提供免費法律服務，但只是出於自願性質，行業公會未有仿效其他司法管轄區，強制要求大律師（訴訟律師）負起義務法律工作，強化「以法達義」的專業及普羅法律文化。

慈善機構、NGO應具備直接聘用律師的權利

其次，香港的慈善機構並不能直接聘用律師進行法律專業的工作，因為按現時的法律執業證書規定，非政府組織及慈善團體並不屬於獲認可的僱主。即使是合資格成為法律從業員的人士獲該等機構聘用，也不能以事務律師身分工作。故此，香港不能如美國公民自由聯盟般有自己的律師團隊推動司法維權；即使是和律師合作，也要視乎其事務所是否願意負起挑戰政權的政治和司法成本。所以，香港的行業規定，某程度局限了有意投身維護人權、促進公義的律師發展其志業。[2]

2 可參考三年前非政府組織PILNet發表的一份研究報告：This Way: Finding Community Legal Assistance in Hong Kong（https://bit.ly/3npitGI）。

「集體訴訟制度」（class action）有助集體維權

再者，香港除了有專業彌償保險的限制，還缺乏集體訴訟制度（class action），令香港的社會運動和法律界難以完全複製美國人權運動的策略。梅麗朗（Rachael Mulheron）在《普通法法律體系中的集體訴訟》（*The Class Action in Common Law Legal Systems*）一書中的定義指集體訴訟是：

「一種可讓多人針對同一名被告人提出的申索（或其中部分申索）在一宗訟案裏一併裁定的法律程序。在集體訴訟中，一人或多於一人（『原告代表人』）可代表自己提出訴訟，亦可以同時代表多名基於與原告代表人所指稱過失相同或相類的過失而申索補救的其他人（『該集體』）提出訴訟……集體成員雖然在該項訴訟的大部分過程中都沒有積極參與，但就共通的爭論點而言會受到訴訟結果約束，不論結果是有利或不利於該集體亦然。」[3]

集體訴訟的例子，多數和消費者追討產品貨物不對辦而提告生產商有關，例如早年蘋果公司更新手機系統時，刻意令手機運作遲鈍，引發大批用家入稟法院追討賠償。集體訴訟更可用來挑戰公權力。在幾個月前再度爆發的美國「黑人同命」運動（Black Lives Matter）和引發的連串警暴爭議，美國公民自由聯盟便和一班在和平示威中受傷的抗爭者，向明尼蘇達當局提出集體訴訟，控告警察使用不必要及過度武力，違反美國憲法第一修正案的和平集會權。[4]

---

3 《香港法律改革委員會報告書：集體訴訟》，二〇一二年五月，第三頁。連結：https://bit.ly/32IlOV0。

4 Skluzacek, Josh. (2020) "ACLU-MN files class-action lawsuit on behalf of protesters injured in George Floyd demonstrations" *Eyewitness News*, last updated on 28th July. <https://bit.ly/3ng1x5g>

集體訴訟的好處，除了令單靠個人則缺乏經濟能力追討賠償的申索人，可以集腋成裘追討損失外，也能有效運用法庭資源；更重要的是集體訴訟可以壯大申索人的支持群體以至社會運動，令司法行動不止是個人與財團或當權者的爭端，而是集體維權的公共行動。

香港法律改革委員會（法改會）早在二〇一二年已發表報告書，建議香港應採納集體訴訟機制。法改會相信一個全面的集體訴訟機制能夠強化尋求司法公正（access to justice）的渠道，並會提供一套「有效率、清晰明確和實際可行」的機制。然而，特區政府到二〇二〇年，仍然將法改會的建議停留在研究的階段。

金斯伯格的傳奇一生，反映在法治社會，要打破製造歧視的法律文化，群眾動員、人權教育和司法抗爭實在缺一不可。同時，要有更靈活和公平的制度設計，保障專業界別的行業利益之餘，也要令非政府組織、法律從業員以至市民大眾能夠活用法律資源，才能有效透過司法制度尋求公義。

香港幾十年來經過一場又一場捍衛人權的社會運動，愈來愈多法律精英對司法抗爭充滿熱忱，或許是孕育出更多港版金斯伯格律師的土壤；但要孕育一個港版「公民自由聯盟」的話，就有更遠的路要走。

*本文初稿撰於二〇二〇年九月二十二日

原題〈香港有孕育金斯伯格的土壤嗎？〉，刊於香港《明報》

第二輯｜頑抗之年

二〇一九年春夏之交，香港爆發反送中逆權運動，其參與人數之多、時間之久、抗爭形式之多變，在香港史無前例，更成為世界焦點。反送中運動源於二〇一八年在臺灣發生的一宗殺人案，涉案疑犯陳同佳是香港居民，但港臺兩地並無引渡逃犯協定，故香港政府提出修例，但修訂適用範圍卻擴大到中國大陸，旋即引起大眾憂慮中共藉以將在港異見人士「送中」，令中港兩地的司法防火牆失守，成為香港威權法治的終極殺招。反送中運動便成為香港公民社會在雨傘運動後，再度團結動員的民主運動新一頁。然而，這場波瀾壯闊的運動並不浪漫，抗爭者面對警察鎮壓示威的暴力，負隅頑抗，血淚交纏，既為香港民主運動創造了新的政治機會，同時激起政權更大的打壓。一年後，中共強行在人大通過港版《國安法》，加上肆虐全球的新冠肺炎未了，反送中運動息微，轉入日常抵抗和司法抗爭的階段。本部份收錄了二十七篇文章，從法理、比較政治、歷史、警政和心理學以及作者第一身經歷，剖析反送中運動的前因後果、抗爭動態、警察暴力和全球局勢的互動，以及《國安法》通過後的香港社運前路。

修訂《逃犯條例》的法治與政治

中港「融合」得來的憲政新秩序

香港特首林鄭月娥在二〇一九年初的一個頒獎禮演講，指部分香港市民「不能完全理解憲制新秩序」，故對她有負面看法，但她為維護一國兩制及香港長治久安，「恐怕難有妥協空間」。林門鄭氏已不是第一次提出「憲制新秩序」。早於二〇一八年，當她回應大律師公會批評「一地兩檢」違法時，她已暗批「有些人到今天仍不肯接受香港的新憲制秩序」。

這個憲制新秩序是指什麼呢？特首在同一場合，引述三件與憲制有關的爭議，包括就中共「國歌法」進行本地立法、取消支持「香港獨立」人士的參選資格和以《社團條例》取締香港民族黨。

國歌法的本地立法，除了是用來維護政權的面子，也是藉刑事化嚇阻有意「侮辱」國歌的市民便將面對嚴刑竣法，增加表達政治異見的成本。

選舉主任近年積極搜查提倡本土和港獨的市民過去的言行，用以作為取消參選資格的理由，令參選公職加上一道新門檻，就是政治主張不能踰矩，超過政權當下的紅線，就無法參與政治選舉。

至於當局引用主權移交後經臨時立法會增修通過的《社團條例》，指以國家安全和公眾安全為由取締香港民族黨，同樣將宣揚政治異見的組織，以依法為名禁止其運作，視為非法社團。

三件事例，背後的邏輯相當一致：當香港市民以言語或行動公開表達政權不能接受的政治信念、觀點、立場時，政權就能用盡法規，以國家安全為名，剝奪市民的政治權利，或刑事化市民行使表達自由的行為，做到「依法辦事」。今日的「紅線」是港獨、自決；明日的紅線，由政權明日決定。

當這種刑事化政治異見的邏輯得行其道時，就連教育界也受影響。幾年前「佔領中環」和「公民抗命」的論爭，官方多番強調佔領行動違法，學生犯法必定影響前途云云。驟聽之下，幾與呼籲市民毋搶劫吸毒一般。二〇一七年大學開學後，校園懸掛「香港獨立」橫額或在民主牆貼上有關標語，引起校方、學生和社會輿論的角力。校方強調「港獨」違法，將表達主張也視為違法，甚至有院校以「保護學生」為由將相關標語移除。這些事例，反映當局逐漸將表達異見和行使政治權利以刑事犯罪的層次來看待。

這個「憲制新秩序」，也旨在告訴香港市民：「一國大於兩制」。二〇一六年的人大釋法，變相修訂《宣誓及聲明條例》，演變為法庭「依法」撤銷已當選議員資格。立法會前議員梁國雄不服法庭判決上訴，後來高等法院上訴庭頒下判詞，駁回梁的上訴，判詞以往多宗案例已訂明，人大常委會的釋法效力不容香港法院挑戰，並對所有香港法院具約束力。全國人大常委解釋《基本法》，除了可以追溯到《基本法》實施的日期，更能成為比終審法院更「終審」的機關。畢竟，一九九九年的居港權案，政府提請人大釋法，令終審法院不能不改變判決。

一國大於兩制的理論基礎，可見於二〇一四年的《一國兩制》白皮書，強調中央對香港有全面管治權、法官和司法人員都要是愛國者，要維護國家安全、主權和發展，變相向司法機關加諸以一國為本的政治任務，衝擊司法人員、法律專業和市民大眾對法治和司法獨立的理解。

這種「封殺政治異見」和「一國大於一切」的「憲制新秩序」，不止是法令條文，更是一種法律意識型態和文化，增加了政權的權威，削減了市民的個人權利。在中國大陸，可說是常態。國內維權律師和維權人被當局抓捕，可以長年拘禁而不進行審訊；對維權者的控罪，往往是顛覆國家政權、尋釁滋事；當局對待民間社會、知識分子和異見人士，也動輒以國家安全為名，運用各種法規去打壓、收編。

執行法規以外，中國的法律意識形態，亦與香港長年信守的法治、人權觀相背。早前「求是網」刊登中共總書記習近平在中央全面依法治國委員會第一次會議上的部分講話，提及要「加強黨對全面依法治國的領導」，「決不能照搬別國模式和做法，決不能走西方憲政、三權鼎立、司法獨立的路」。那麼，特首所指的「憲制新秩序」，正好呼應這套「與中國大陸接軌」的秩序。

也許會有讀者反駁：在八十年代前的港英管治時期，香港人的政治權利不也是被殖民政府剝奪？的確，英殖政權與今日政權對待政治異見和公民權利的手法，或曾相差無幾；但時代進步，香港經八十年代中期開始局部民主化、一九九一年實施《人權法》、《基本法》，到一九九七年主權移交，香港社會眾對法治、自由、民主、保障人權、司法獨立的期望有所增長是自然的事。如果政權要透過法令法規和意識形態渲染令香港的核心價值褪色，必然激起市民大眾、公民社會和法律專業的反感和抵抗。

在這個「憲政新秩序」的背景下，保安局提出修例建議，容許目前一次性個案移交逃犯的方式適用於香港與任何未與其訂有長期安排的地方，改變現時明文修例不適用於香港與中國之間的規定。當局強調修例是緣起一宗不幸的跨境殺人案，但民主派議員憂慮條例打開缺口，令港人能被「名正言順」引渡到缺乏公平審訊、刑事化表達異見和打壓維權的中國大陸受審，確實不無道理。倘若港中兩地的法制、法律文化和意識型態逐步接軌，甚至融為一體，這種「憲制新秩序」只會令香港市民更憂慮一國兩制下的香港前景。

政府執意修例，成為了二〇一九年震驚全球的香港反威權抵抗運動的藥引。

*本文初稿撰於二〇一九年二月十八日

原題〈令人憂慮的新憲制秩序〉，刊於香港《明報》

修訂《逃犯條例》破壞香港憲政秩序

政府提出修訂《逃犯條例》，一開始強調是源於一宗在臺灣發生的殺人案，要為香港家屬尋求司法公義。[1]但發展下來，爭議已遠超一宗牽涉臺港兩地的刑事案：政府修訂提出擴大移交逃犯至司法服務政治的中國內地，既無關該殺人案，更招來香港民間、商界和國際社會強烈反彈，憂慮此路一開，特區政府再難把關，保障香港人的自由和公平審訊的權利。

修訂《逃犯條例》帶來的政治效果是顯而易見的，它將進一步改變香港三權制衡的權力關係，符合中央政府多年來意圖改變香港政治體制「三權分立」為「三權合作」的路徑。

「三權合作論」是習近平在二〇〇八年七月訪港時提出的論述，要求「香港政府通情達理，團結高效……行政、立法和司法三個機構互相理解、互相支持」。此後，京官港官亦多番批評香港管治效率不理想，歸咎立法會議事緩慢、拉布（filibuster，又稱「冗長辯論」）累事云云，矮化立法機關通過審議、辯論來監察制衡行政機關，促進法例政策臻於至善的功能。

《逃犯條例》修訂的一大爭議，是移交逃犯程序，由現時行政長官啟動、立法會審核、法庭審訊三重關卡，改為由行政長官決定是否啟動移交，再交由法庭審理的兩重把關，砍掉立法會的

[1] 法例草案全名為《2019年逃犯及刑事事宜相互法律協助法例（修訂）條例草案》。

審議角色。換言之，新修訂的實質政治效果，就是提高了行政長官把關的份量，只要特首決定啟動移交程序，只剩下法庭可以制衡或否決的機構。

問題是，行政長官能發揮把守第一關的作用嗎？今次修訂的癥結，是政府要改弦易轍，將移交逃犯的操作，涵蓋中國內地在內等未有與香港簽訂司法互助協議的地區。中央近年多番強調「一國」大於「兩制」，強調中央與特區的從屬關係，絕非兩個對等的司法管轄區。由中央任命的行政長官，究竟有多大力度與承擔，自主地審視中國內地政府的移交要求？特首曾在立法院接受議員質詢，被問到她作為作為移交逃犯的把關人，如何評價中國大陸的司法制度時，她的回答是「每個司法區域，都有自己獨特司法制度同安排」。特首採取相對主義的立場，忽略兩地司法「質」的差異，就是明白告訴社會，擁有「把第一關」權力的特首，根本不會考慮兩地保障人權和公平審訊的制度差異去決定移交逃犯。

至於削去立法會第二重把關的修訂，其理據實在難以服人。一說是立會辯論是否移交，就會變成「陽光審訊」，辯論曠日持久，增加疑犯「逃脫」機會。那麼，立法會閉門審議足解此憂。另一說法，來自某議員接受電視節目訪問，指議會是政治角力場合，議員往往以政治作為考慮因素。這種觀點，反而忽視立法會的組成，是民意代表——儘管它只有一半議席經直選產生。議會審視、辯論移交逃犯是否合理合法的過程，就是制衡行政機關決定的「把關」方法。況且，行政長官決定是否啟動移交逃犯到中國內地，又能否確保不是出於一國的政治考慮？這次修訂建議，再一次從制度上，削弱、矮化由選舉產生的立法機關角色和權力，強化行政大於立法的權力關係。

對司法機關而言，今次修例建議，並無進一步授權法院，審視移交目的地的司法制度有否符合《香港人權法案》，故法院只能考慮移交逃犯是否滿足形式上的規定，例如提出移交一方針對逃犯的指控，是否在兩地皆為罪行；刑期是否符合移交要求，以及有表面證據和供詞等，法院亦無法審核。而且，司法機關經歷人大常委多次釋法操作，影響、規範法庭裁決，面對中國內地各地方政府以至中央的移交要求，本地法庭如何應對「一國」的壓力，怎能不惹人憂慮？

「把關」之所以重要，皆因要確保特區政府能透過制度操作，確實提出移交一方的要求合理合法，同時保障處身在香港司法管轄區的個人權利和安全，免於蒙冤被移交受審。看看中國大陸的王全璋律師自二〇一五年「七〇九大抓捕」起遭受的待遇，便足以證明中國內地執法、檢控、審訊和判刑「何其公道」。在新修訂下，中國政府如對港府提出移交要求，行政機關不去把關，立法機關不能把關，司法機關把關範圍薄弱。「三權合作」的另一種實踐，就在這裡顯而易見：修訂條例廢去立法會的把關能力，令行政、立法雙方只能相互「理解」，立法機關再無權制衡行政決定，自能做到「團結高效」。

特區政府修訂涉及個人權利的法例，斷不能從單次事件看待。中央政府高舉以法律為維穩武器的宏大論述、特區政府愈來愈「活用」本地法例來收窄公民權利，皆逐步將香港自有《人權法案》以來所營造，著重保障人權、限制公權、信任司法獨立的自由法律文化（liberal legal culture），改造成中國內地將表達政治異見視為刑事、法律為政治工具、政法系統控制司法機構的威權法律文化（authoritarian legal culture）。在此大環境下，我們就更全面了解，修訂「逃犯條例」的政治過程，以「司法公義」為名，坐大行政機關，削弱立法機關、增壓司法機關，反過來破壞香港三權分立、互相制衡的憲政秩序，製造更大的政治不公義。

*本文初稿撰於二〇一九年四月七日

原題〈修訂《逃犯條例》的政治效果〉，刊於香港《明報》

反對初心是守護香港家園

修訂逃犯條例的政治過程，意見分殊，爭持激烈，甚至演變成議會肢體衝突，以及大國之間的權力政治。

國際社會紛紛高調反對修例：歐盟向香港政府發出「外交照會」，反對修訂逃犯條例；美國國會及行政當局中國委員會亦向特首發出國會聯署信，要求擱置修例。至於中港領導，繼續將民間抗議和國際關注升級歸咎泛民人士到外國唱衰香港，引來外部勢力介入；又向各界曉以民族大義，視修訂為維護管治權、抵抗外國勢力的對決；自視為愛國愛港的陣營旋即配合成立大聯盟支持修例，爭取民意。

其實，一個普通的中國城市，豈會如斯受到國際社會注視？正因香港司法制度不是中國政法制度，兩者差異，造就香港的經濟優勢，否則榮登律政司的國際仲裁專家，就會鼓勵內資外資信任國內政法制度，留在國內處理相關的商業爭議。

香港人反對修例，最重要的動機，是要保住香港人篤信的法治精神和香港的國際地位。中央和香港政府大員的言行，愈來愈令人感覺到，法律的主要功能，是為政治需要服務。他們支持修例的理由，已經上升到特區或特首管治威信的問題。儘管特首重申修例是為了臺灣殺人案，但臺方多番表明修訂只會令當局更抗拒引渡殺人案疑犯；加上中聯辦和中央官員多番力挺，給社會大眾的印象，就遠超尋求殺人案件的司法公義。官員和親中陣營強調外部勢力介入導致要中央出手的說法，就更偏離主旨，特區政府的官威，似乎比臺灣殺人案家屬更重要。

官府修訂法律講權力不講理性，甚至破壞程序，意圖突顯管治威權——留意，是「威權」而非「權威」。威權政治樂於創造有利政府維持統治的秩序，視法律為鞏固權力的武器，法律權利、公民權利以至財產權是否獲得保障，並非關乎制度公正，而要視乎當權者的政治需要。政府的權威來自其正當性與認受性，兩者在民主社會，自然透過民眾以選票授權，建立官民社會契約。但如今政府並非民主社會產生，首長要爭取信任和支持的，相信不是社會大眾和各界精英，而是能夠為他爭取選委會選票，甚至在離任後更上層樓、躋身國家領導人的中央政府。政府推法修法，在立法會缺乏制衡之下，自然不怕民眾孤立，敢於「迎難而上」。

面對法律界、學者、傳媒以及普羅大眾的質疑，特首擺出強權姿態，直言「通通都是廢話」；她一方面以委婉辭令，指法案繞過備受爭議的立法會法案委員會而直上大會二讀法案是「艱難決定」，另一方面卻從不解說，何以社會各界要求撤回草案是「不切實際」。一種聲音認為，香港即使沒有民主，只要司法獨立、健全，香港仍然「有險可守」。但一場修例爭議，足見政權缺乏民主制約，只會以法治人，而非受法律管束。

香港人反對修訂的另一個動力是對香港定位的期許。中央和特區往往強調香港只是「中國的香港」，從法理、政治上而言，香港特區的確是中華人民共和國的一部分。但自二〇一二年梁振英當選特首以來，香港一國兩制的特殊性逐漸被邊緣化，政治打壓逐步走向「中國化」；經貿視野愈來愈「向內看」，對外態度也漸以民族主義掛帥。加上中美貿易戰未結，特區政府只能出於政治忠誠而歸隊。反過來，國際社會對修例的態度，反映它們仍然期望香港當一個「國際的香港」，讓外資企業和人才繼續有信心和安全地在港發展，甚至繼續當中國的窗口，互惠互利；至於美國早前在官方論述中突出香港是「印太的香港」，反映香港國際地位仍然重要，民主派早前積極外訪遊說，出於為香港在國際社會「保值」，自然可以理解。

執筆至此，讀者也許會問：「說了半篇大國爭奪香港，干香港人底事？」無論是「中國的香港」抑或「國際的香港」，香港人終歸缺席。這亦是筆者對民間反修例的觀察，套路基本上還是強調修法之惡，上街的市民，大多是出於對政權粗暴的憤怒和修訂內容的恐懼。很大程度上，整個運動都是以負面宣傳為主。

當然，反修例的理由和情感具有事實基礎，毋庸置疑。但抗爭的出發點，如何打動群眾參與，未必只能依仗恐懼、憂慮、憤怒。恐懼和憂慮，甚至有機會成為反動員的藥引：既難和政權鬥法，不如及早移民？對群眾——尤其是對這片土地有熱誠、身份認同的青年人來說——參與社會運動和抗爭，可能更多是源於對香港的愛，要守護「香港人的香港」。

曾因「佔中」入獄的兩位教授陳健民、戴耀廷在發表和平佔中信念書時，開首明言佔中運動的起點是對香港的關愛；只有公義的政治制度才能建構真正和諧的社會。抗爭運動需要願景和信念支撐，才有機會爭取更多厭惡「負能量」、「吵吵鬧鬧」的中間市民支持。價值認同要靠講理，身份認同則重情感，兩者對社會動員同樣重要。反觀支持修例的大聯盟，宣傳強調「保公義」、「護香港」，儘管內容空洞，但這種挪用概念、包裝正向的辭令，會否對少理政治的中間市民帶來沖淡修訂複雜性和種種隱憂的效果？

猶記得當年反高鐵運動，參與者強調快樂抗爭，儘管社會對興建高鐵的意見壁壘分明，但反對者強調立場基於對土地、村民情懷和香港的愛，以及對盲目發展經濟的批判態度，令不少市民耳目一新。即使是較近期反對「明日大嶼」的遊行，動員時短，但仍有過萬人上街，口號和標語強調守護家園和下一代，承載對未來的憂慮，同時包含對香港和香港下一代的關懷與愛。

香港人反對修訂逃犯條例，用正面的角度來看，其實是守護真正的公義和下一代的家園。香港的反送中運動，終因百萬人上街和警察鎮壓抗爭者而蛻變成一場香港人甘苦與共、守護我城的全民抗命。

*本文初稿撰於二〇一九年五月二十七日

原題〈法律何所為？香港何所為？〉，刊於香港《明報》

ollibee
Jollibee

和勇不分，負隅頑抗

在茫茫黑夜，百萬人選擇光明

二〇一九年春夏之交，香港人再次展現守護核心價值的意識和抗爭動力。四月下旬，佔中發起人戴耀廷、陳健民等四人因佔中案判刑入獄，隨後的星期日，超過十三萬人上街反對修訂逃犯條例；國際社會在雨傘運動後，再次注視香港的抗爭運動；超過十八萬人出席悼念六四死難者三十周年集會；近三千位律師在六月六日參與法律界黑衣遊行；一百零三萬人在六月九日上街抗議。群眾運動排山倒海，當然是中共和特區政府強推修訂《逃犯條例》造成。

我相信香港人能夠容忍政府無法改善民生，因為香港人自救意識強烈，即使遇上如二〇一八年的「山竹」風災，民怨載道，也無人揭竿而起，要追究特首云云。[1]但有理智和常識的人，都會討厭惡意的謊言、強詞奪理、甚至拒絕專業意見和民意、甚至諉過於人的政府。這不只反映當權者的邏輯混亂和品格低劣，更反映其道德水平低落。

特區政府最初修例聲言是出於臺灣的「陳同佳」案，但當後來臺灣政府明言，即使修例通過也不會同意移交疑犯，特區政府就拒絕臺灣當局以其他合情合理的方法去處理案件。特區政府的做法，客觀效果是不斷強化市民視政府在消費死者、漠視家屬權利和口講司法公義的偽善。問責

1 指二〇一八年九月在香港及澳門等地發生的一場強烈颱風，風暴在民居和交通幹道造成破壞，香港政府卻只停課兩日，拒不停工，造成嚴重交通癱瘓，香港市民對政府應對風暴拙劣極為不滿。

官員面對法律界質疑修例，反指律師不了解法案條文；選舉委員會二十位法律界代表邀請特首就修例對話，特首只以一紙拒絕文書了事。政府本來已無民主制度授權，如今更失去了管治誠信這道德基礎。當局認為修例之所以「正當」，只源自法例賦予政府強權而已。

修訂《逃犯條例》之邪惡，相信已是社會共識。這個社會共識不只體現在法律層面，亦體現在香港的政治文化和身分認同效應。英殖年代，香港人被教育和社會現實教化成遠離政治，拚經濟發大財的「市民」；直至八十年代過渡期始、香港經歷八九民運、通過《基本法》和《人權法案》、主權移交等等，香港市民的公民意識逐步上揚；九七後幾場大型非暴力抗爭，不論成敗，更加鞏固了香港人守護家園、自由、人權的信念。

但修例製造的寒蟬效應，令市民在表達政治意見前要思前想後、左右顧他，權衡前途、人身安全利害，逐漸壓抑來自真我的政治信念，迫於做沉默的幫兇或說謊的順民。民眾表達異見抗爭，旨在加大政府管治成本，令政府深切反省、應民意改弦更張；政府反過來視平民百姓為洪水猛獸，透過法律武器增加民眾表達和抗爭的成本。這套中國威權管治的維穩思維，透過修例移植到香港特區，直接衝擊香港人的日常生活與信念。當人基於政治恐懼而拒絕求真，就只能淪為經濟動物，本來信守的價值信念，也會逐漸消亡。

經過百萬人上街，政府會退讓嗎？今次抗爭能一舉而竟全功嗎？大型的非暴力抗爭能否撼動政權讓步，當中固然有不少隨機因素。我想起 Erica Chenoweth 和 Maria J. Stephan 合著的《公民抵抗為何成功？非暴力衝突的策略邏輯》（*Why Civil Resistance Works: The Strategic Logic of*

Nonviolent Conflict）。書中總結作者的跨國比較研究，指出非暴力抗爭得以成功，端賴四個因素：一，抗爭需要龐大、多樣、持續的民眾參與；二，建制精英，尤其是警察、軍隊「轉軚」；三，抗爭形式不能只有遊行示威，需要使用多樣的方法；四，當抗爭被鎮壓時，抗爭不會變成混亂、抗爭者也不會採用暴力手段回應。[2]

香港人反送中，並非要改變政權，只是要保障香港人固有的生活方式和態度，繼續享有免於恐懼的自由。政治現實下，建制精英的分裂幾近不可能，但如果民間之後的抗爭能達到上述另外三個條件，在抗爭模式和動員對象多樣化兩方面下功夫，即使無法令政府打退堂鼓，也會對運動發展有積極的效果。抗爭不單為了達到目的，也是在過程中凝聚參與者，增加民間士氣，並鍛煉爭取社會、政治改變所需要的韌性和抗逆力。觀乎過去一個多月遍地開花的中小學、大專、行業以至「師奶」聯署反修例，參與抗爭者背景多元化的條件正在發酵。即使今次反對修例的抗爭未竟全功，參與者已經讓國際社會和讓下一代記住了一段歷史：我們曾經為了守護香港、敢於挑戰強詞奪理的政權。不論成敗，我們已盡力在這片土地埋下自由和抵抗的種子。

二〇一九年六四三十周年燭光晚會，其中一位台上發言者、一九八九年親身在天安門見證鎮壓的學聯成員李蘭菊說：「維園燭光，展現了香港人真正的精神面貌！」語畢，現場掌聲如雷，打動不少人的心坎。香港人鄙視當權者說謊、熱愛自由、尊重程序公義、篤信優先保障人權的法

[2] Erica Chenoweth and Maria J. Stephan (2012) *Why Civil Resistance Works : The Strategic Logic of Nonviolent Conflict*. Columbia University Press.

治意識，敢於表達己見的生活態度，也是香港人擁有的精神面貌。

一百零三萬人走上街頭，令我相信：即使通過修例、即使香港變成被大灣區同化的一個普通中國城市，香港人的精神面貌將會進一步昇華：它不只是拒絕黑暗、尋找光明的意志，更是選擇在茫茫黑夜裡成為光明，繼續勇敢、堅韌地散發求真、守望和自由的能量。

*本文初稿撰於二〇一九年六月十日

原題〈在茫茫黑夜，我們選擇光明〉，刊於香港《明報》

聽聽立法會佔領者的心聲

二〇一九年七月一日，過千示威者成功佔領立法會大樓，事後特首林鄭月娥廣邀青年學子作閉門會議，後來表示願意公開與青年對話，卻無人青睞，只能繼續吃閉門羹。

佔領立法會的青年為何以身犯險，早已見諸他們當晚發表的宣言。[1]我想，與其跟隨社會賢達一齊「譴責暴力」、「踩多一腳」，倒不如好好將佔領者的心聲，從網絡帶到公眾輿論。

佔領者開首明言：

> 我們是一群來自民間的示威者。萬不得已，我們並不想走上以身對抗暴政的路，以佔領香港特區政府立法會作為我們談判的籌碼；但滿口謊言、滿口歪理的政府卻無意回應香港人不斷走上街的訴求。我們只好以公義、良知、以及對香港、對香港人無窮無盡的愛，去抗衡橫蠻的政府。

對佔領者而言，民眾愛港犯禁，正是特區政府一直拒聽民意，拒應訴求的結果：

---

1 佔領人士當晚宣言全文，請參閱〈【佔領立法會】示威者讀出抗爭宣言　列普選、追究警隊等五大訴求〉載於《立場新聞》，二〇一九年七月一日。連結：https://bit.ly/3dKTpqb。

香港特區政府成立至今二十二年，政經民生每況愈下。現任特首林鄭月娥上台後，情況變本加厲，更漠視民間逾百萬民意，推出「送中惡法」。市民於六月起前仆後繼，各盡其力，或和平、或理性、或奮勇、或受傷流血，以一顆熱愛香港之心，懇求政府撤回修例，而政府置若罔若，不諳民情，竟置香港大眾於不顧，甚至以民為敵。

對佔領者而言，選擇佔領立法會，即使將來要承受巨大代價，仍然是有價值。他們認為：

現任特區政府已非以港人行先，為使政府聆聽港人聲音，我等市民不得不進行各種佔領，不合作運動、乃至今日佔領立法會行動。社會或對我等佔領者有所批評，但追本溯源：社會撕裂之誘因為何？民怨每日俱增之本源為何？香港何辜？香港人何以被追逼至此？我等港人沒有武裝，沒有暴力，只能以秉持正義於心，無畏無懼，奮勇向正。希望能香港政府能及時回首，重回正軌。

最後，佔領者延續、更新六月以來民間五大訴求——「徹底撤回修例、收回暴動定義、撤銷對該晚所有反送中抗爭者控罪、徹底追究警隊濫權情況、以行政命令解散立法會，立即實行雙真普選」。最後一項，取代了早前民陣要求林鄭特首問責下台的訴求。佔領者深知問題的根源，正是政制不民主。儘管今日的中央政府，容許重啟政改機會微乎其微，但佔領者的心思，明顯不是受政治現實束縛，而是不惜背負刑責代價，令運動有交易目標（transactional goal）之餘，加入轉化社會的目標（transformational goal），使運動的訴求，不止為解決燃眉之急，同時接駁、延續香港人三十多年來爭取普選的民主運動。

部分佔領者毀壞大樓電子系統和保安設施，既不應為之，也毫無必要；但他們一旦被捕定罪，將要面對極長年期監禁。他們經過深思熟慮，仍然選擇透過激進的象徵式行動如塗鴉，突顯政制的粗暴和今日議會的荒謬。他們付出人身代價之大，外間大力譴責，又是否落井下石？

我只希望，讀者了解佔領者的心聲後，在質疑、苛責之外，能夠多一份理解：沒有實質的制度改革和官員問責，如何說服青年人去為政府粉飾太平？

*本文初稿撰於二〇一九年七月十日

原題〈聽聽佔領者的心聲，刊於香港《明報》

逆權運動是無權者的抗爭

特首在反送中運動爆發後兩個月，先後召開兩次記者招待會，迴避「五大訴求、缺一不可」的訴求，卻高舉「光復香港、時代革命」的口號來大造文章，指斥運動已經變質，示威者要「搞革命」摧毀香港；在之後的記者會，更對外媒宣稱：少數示威者並非社會持份者，故使用暴力、到處破壞。

只有極權主義者和民粹主義者，才樂於定斷誰不是社會持份者。二戰期間的納粹德國，視猶太人為國家問題的根源，將六百萬人趕盡殺絕；一九九四年的盧旺達大屠殺，胡圖族大規模殺害圖西族人，更將後者貶稱為「蟑螂」；而在香港這場逆權運動中，部分親政權人士和警察亦稱抗爭者為「曱甴」。納粹德國和胡圖族治下的盧旺達，當權者將他者非人化，視為不足惜的昆蟲；既非人，又如何作社會的持份者？即使在民主國家，面對國族民粹主義泛濫，右翼政黨不時貶斥移民破壞本國文化和國民生計，試圖透過法例和政策間接排拒移民的權利，否定他們有份於社會，造成各式的歧視、分化，破壞民主制度多元、平等的特色。

誰是持份者，並非以建設社會和經濟貢獻多寡區分。持份與否，講求有沒有參與的權利，而這參與權的「含金量」，應盡力達致人人平等。例如，民主制度讓每個國民有平等選舉權，即使是未成年的國民，也能透過官方的諮詢制度和青年議會參與社會；在一些國家如巴西，民眾更能透過「參與式預算」，決定地區撥款的用途，體現公民皆持份的精神。畢竟，社會由人構成，人際關係、家庭、社會組織維繫社會的運作和發展，沒有人是被孤立的。即使是被囚的罪犯，也有權在選舉中投票。

香港市民缺乏平等政治權利，無法成為真持份者。香港有一千二百個市民，比七百萬市民「更平等」，因為他們能夠選舉特首；這一千二百人中，絕大多數來自中資港資代表和親北京陣營，政府施政，自然向之傾斜，政府過去不少政策被視為「益地產商」，就是一例。連本來是體現代議政制的立法會，當中一半議席也是經工商和專業等精英界別產生。民眾在政治上成為無權者，遑論在經濟生活有話語權。

林鄭的持份論之所以令人厭惡，也是因為香港社會的經濟成果，從來都不公正地分配在社會各階層。政府坐擁豐厚儲備，卻不肯落實各項社會經濟權利，例如否定全民退保、拒絕以法例監管甚至回購領展，強推「明日大嶼」以養育中資港資發展商等。整個政治制度的設計，就是要製造大批無法實質持份於社會的公民，即使他們在香港勞苦辛酸數十載，命運仍然操控於擁有政治和經濟特權的階層手中。

林鄭所言，並非顯示她的無知，而是證明她的傲慢。她試圖將勇武示威者邊緣化，孤立他們為社會無份者；但政治特權和經濟霸權的紐帶，早已令香港大多數人與社會無份。她以為香港人只要豐衣足食的物質生活，即使活在不民主的殖民政府之下，也會心甘情願。她仍然以為，敢於勇武抗爭、參與不合作運動的年輕人仍然是少數，缺乏社會支持。

相反，逆權運動奉行「不分化不割蓆」的共識，日積月累更大的社會基礎。Mark Engler 和 Paul Engler在探討非暴力抗爭的著作*This Is an Uprising: How Nonviolent Revolt Is Shaping the Twenty-first Century* 中提到，非暴力抗爭運動得以成功，往往在於運動能提出改造社會的變革式目標（transformative goal），而非僅僅是尋求改變某一政策法例的交易目標（transactional goal）。[1]

作者以美國同婚運動為例，認為同婚運動若只旨在勝出一兩宗在州法院進行的同婚官司，運動只會難以為繼；唯有持續、大規模的公眾以行動支持同婚（public active support），以及預先鬆動支撐社會運作的每條支柱（pillars）——即各方持份者如教會、公務員、工會、律師、社運人士、教師、學生等，令他們轉念支持同志平權，創造民意氛圍，方能令運動達標。

由反修例演變成今日的逆權運動，豐富的界別和社群參與，無可否認是運動具有充分社會基礎的一種體現；而不合作運動和遊行集會之頻密，不單未有製造運動疲憊，反而持續吸引大批香港人主動參與各式各樣的抗爭。例如八月初的公務員集會和「全民三罷」（罷課、罷工和罷市），其實是初試啼聲。前者透過集氣大會，表達公僕站在民眾一方，增加政府的政治壓力和整頓內部團結的成本；後者實質影響經濟秩序、零售、運輸和航空業班次收益。從逆向思維來看，

---

1 Engler, Mark and Paul Engler (2017) *This is an Uprising: how nonviolent revolt is shaping the twenty-first century*. New York: Nation Books. 本文討論的觀點，主要來自第四章。編案：此書已出版中譯本《革命時代：公民抗爭如何改寫二十一世紀》（臺北：新銳文創，二〇二一年一月），係由香港譯者鍾宏安於此逆權運動後譯就。

政府愈反對，就愈刺激市民參與。如果公務會集會和全民三罷成效不彰，林鄭焉會不借勢譴責罷工罷市破壞經濟、公務員破壞政治效忠云云？

逆權運動正正強調運動的變革性目標；五大訴求之中的訴求，就是真正的民主普選。觀乎林鄭和中央的態度，沒有真雙普選，政府不會向市民負責，遑論獨立調查反修例運動和警察執法、縱容黑幫恐襲市民。

逆權運動是無權者的運動。香港人首先要意識到自己不只是經濟動物，反而是有能力追求美善生活，卻長期被剝奪持份權的政治公民；也要讓活在香港的每一個人免於警黑暴力帶來的恐懼、免於被政治經濟特權階級所剝削，恢復重視法治、自由、個人權利和安全的社會面貌。唯有爭取到各根社會支柱成為同行者，才有機會打破舊有由上而下的權力結構，讓每個香港人成為平等而有份量的持份者。

*本文初稿撰於二〇一九年八月十二日

原題〈無權者的逆權運動，刊於香港《明報》

運動若水，陣地如山

反送中逆權運動爆發後半年，香港舉行十八區區議會選舉，總投票率超過七成，民主派奪得四百七十九個議席中三百八十八個席位，擁有十七區區議會的控制權。[1]

倘若我們從當前逆權運動的大格局去考察今次區議會選舉的結果，就會明白該次區選的價值，不僅在於政黨議席增減和競選策略優劣。值得考察的是：區議會選舉為何成為運動的一部分？區議會對於運動的發展，角色何在？

傳統智慧認為，社會運動和政治選舉不一定有連動效應。社會運動或組織社會運動的公民社會，和以參選爭奪政治資本和權力的政黨，儘管不存在競爭關係，但亦可以互不信任，視對方為增加政治資本或話語權的工具。當政黨政治被視為權力菁英爭權奪利的圈子，大眾便容易厭倦政治，公民社會組織也會和政黨保持距離。比如二〇〇九年的反高鐵運動、二〇一二年的反國教運動，組織者強調民間自發、並非政黨牽動，政黨只是在議會配合「內外夾攻」，突顯運動純潔性，讓大眾放心支持抗爭，而非被個別政黨利用。

要將政治選舉成為社會運動一部份，第一要打破政治選舉由政黨或政治勢力壟斷的格局，第

1 區議會香港選舉制度中最基層的選舉，但區議會只是諮詢組織，地方行政的權力仍然掌握在十八區的民政專員（公務員）手上。

二要打破保持「運動純潔」的迷思。「素人政治」的誕生，就是回應第一點的法門。近年各地選舉政治興起無政黨或政治勢力背景人士參選，反映民眾對傳統政治精英的不信任，寧願由自己做起，改變現狀。二〇一五年，香港經歷雨傘運動後舉辦的區議會選舉，有八位「傘兵」空降參選贏得議席，令素人政治成為有份量的參政模式，亦鼓勵更多曾經參與社會運動而受到政治啟蒙的人士投身選舉。

傘運後五年間，除了新興專業政團，亦有不少傘後地區組織湧現。素人參選的優點是無黨無派，沒有政治經濟利益的紐帶和精英味道，競選訊息也更容易與社會運動接軌，日後以議會資源支援社會運動，相比傳統政黨也較少後顧之憂。由此而觀，逆權運動只是爆發點，令政治素人和素人組織更有條件和動力，敢於落區與建制派一較高下。素人政治較諸政黨，更有能力把社會運動的能量帶到選舉和議會，令選舉政治成為社會運動的一部分。

不過，素人政治並未解決社會運動與政治選舉的張力，他們擁抱選舉政治，但出發點也包括不信任傳統政黨。事實上，素人組織和政黨的競爭關係是明顯的，例如今屆區選沙田「帝怡」選區的選舉，民主派無法協調一位代表參選人出戰，最終令建制派漁人得利。而且，傳統政黨是否投身和支援社會運動，只是程度問題，並非毫無貢獻，例如不少泛民政黨本身也是組織百萬人大遊行的民間人權陣線成員團體、泛民政黨在雨傘運動和逆權運動中也提供不少資源去維持抗爭。

至於打破「保持運動純潔」的迷思，就是要去掉公民社會、群眾動員要和政治選舉以至政黨保持距離、免被利用的陳腔濫調。要在香港改變這種說法，至少要三個條件：

第一，大眾需要意識到，香港人生活自由，只是建基在虛擬自由主義之上：沒有真普選，港人享有多少自由，其實由一小撮當權者操控而已。香港公民社會和政黨政治是否要截然分割，也不能以成熟自由民主政體的模型去比較。也許較貼切時局的比較案例，會來自共產主義下的東歐和軍政權下的臺灣、南韓。

所謂運動若水，除了形容抗爭形式流動和柔韌多元，亦指運動思維活潑、視野寬闊，不會凝固在舊有成見。要令抗爭保持若水，就要先打破這種「運動與選舉割蓆」的凝固思維。

第二，是支持社會運動民意龐大，運動參與者與市民大眾空前團結，政黨、社運目標一致，使選舉成為變相公投、確立運動認受性與正當性的銅牆鐵壁。二〇一九年區選無論是投票率、支持民主派候選人的票數和所得議席，反映即使經歷多次激烈衝突和暴力升級，支持逆權運動和五大訴求的市民仍然佔多數，官方砌詞止暴制亂以縱容文官卸責、警察濫暴的行徑，不受社會大多數人支持。這次區選，就是「運動若水」的表現：運動洪流，灌入選舉，造就民意海嘯，令支持政權的政黨幾近覆舟。

第三，就是要肯定社會運動和政治選舉的本心，皆是為了推動社會進步，甚至是替社會政治經濟進行大手術之途。如果將政治選舉僅僅視為保持現狀和政治秩序的機制，就會忽略政治選舉的進步面向：當選帶來的資源、網絡和政治機會，是改造社區以至社會的契機，和社會運動促進社會變革或抵抗壓迫其實異曲同工。

這一點，也回應了文首提出另一個問題：區議會對於運動的發展，角色何在？義大利法西斯政權時代著名的公共知識份子葛蘭西提出「陣地戰」的概念，指要抵抗政權建構的意識型態霸權、改造政治經濟體系，除了要有大型群眾動員，亦需要視生活每一環節為改造的陣地去打拚。[2]區議會的功能斷非「蛇齋餅糭」可以一概而論，今次區選的政治效應，已經打開門路，讓區議員和區議會有民意基礎發揮更多功能，除了追究過去區議會的分贓政治以撥亂反正外，亦能推進街坊鄰里參與更多地區規劃和撥款工作，以及在地區層面監察民政事務甚至社區警政。區議會推動民主善治、社會進步的政治空間其實不少。

區議會也不只屬於區議員。他們用心服務，細心說服，打動更多人支持逆權運動，和飽受催淚彈和警暴壓迫的街坊一起建設社區和參與區議會，令香港各社區成為持續抗爭的靠山，就是和勇不分、運動若水、陣地如山的另一鐵證。

*本文初稿撰於二〇一九年十一月二十六日

原刊於香港《明報》

[2] Gramsci, Antonio (2011) *Prison Notebooks: Volume 1, 2 & 3*. New York: Columbia University Press.

不合作、不作為、不改悔的政府

二〇二〇年伊始，逆權運動未了，新冠肺炎便開始在港爆發，繼而肆虐全球。[1]中共要香港「止暴制亂」，得此天時地利，自然會逐步報復香港人。

香港政府面對疫情，堅持的不是保住人命為先，而是一國大於兩制的政治掛帥。即便民情洶湧、醫護罷工，仍拒絕全面禁止從內地來港又非本地永久居民入境。政府舉措招致人心惶惶，繼口罩短缺、奸商炒賣之後，更出現搶購日用品和糧食，民眾恐慌、憂悶程度比二〇〇三年「沙士」非典型肺炎之疫更甚。

彭博新聞社一位專欄作家Clara Ferreira Marques發表評論，直指香港出現失敗國家（failed state）徵兆。她解釋，一個脆弱的國家，往往無力保護國民和無法為國民提供基本生活需要，它的正當性往往備受質疑。她認為，香港政府面對超過八個月爭取民主的示威，應對非常拙劣。在疫情爆發後，香港已符合大部份脆弱國家條件；再加上北京持續對香港司法制度施加政治壓力（a strained judicial system），令香港作為金融中心的前景相當闇淡。[2]

---

1 新冠肺炎，即官方稱「新型冠狀病毒」（COVID-19）。

2 Marques, Clara Ferreira. (2020) "Hong Kong Is Showing Symptoms of a Failed State" *Bloomberg*, 9th February. <https://bloom.bg/3nitkBZ>

外媒稱香港失敗，我們也許會感到尷尬。但如果形容林鄭月娥為首的領導班子是魯蛇政府，不少人自會深有同感。我們不妨回顧一下，林鄭政府二〇二〇年來，為香港人做了什麼？

林鄭政府不合作。自新一屆區議會開始運作，便致力將區議會邊緣化，強調其諮詢功能、突出民政專員的權力，矮化區議員作為民選代議士的政治價值。二〇二〇年一月十五日，大埔區議會選舉新成立的「保安及政制事務委員會」正副主席，但民政事務專員於會上指該委員會部份職權有違《區議會條例》，建議作出修改；民主派區議員則認為無需改之，最終民政事務專員、民政事務總署職員及區議會秘書全數離席。一月十六日，警務處處長鄧炳強出席中西區區議會會議，當議員處理譴責鄧炳強的臨時動議時，鄧炳強及一眾警察離場，及後中西區民政事務專員表示，政府「不能認同未必是事實的內容」，帶領多名政府官員離席。政務司司長其後指區議會是地區諮詢平台，定位專責民生事項；區議會在會議上討論的事項，如果偏離職權範圍是有問題。

那麼，林鄭政府是否真誠看待區議會是地區諮詢平台呢？政府公布選用暉明邨和鄰近美孚新邨的翠雅山房作檢疫中心（即隔離營）時，事前並無諮詢區議會；當政府啟用西貢戶外康樂中心和荃灣曹公潭作新一批隔離營時，亦沒有諮詢所屬區議會，更曾向荃灣區議員指曹公潭不適合作檢疫中心。而且，儘管政府上月底曾承諾不徵用未入伙的公屋作為檢疫設施，但上星期卻突然宣布將火炭駿洋邨改作隔離營，也未曾諮詢區議會。政府對鄰近檢疫中心的居民，態度就是一貫的囂張跋扈，拒絕與地區代議士和居民好好溝通、商討、合作。對於提出異見的人，就用警察的武力解決提出異議者。

林鄭政府不作為。不作為也是一種作為，作為拙劣也可以是不作為，意即俗語有云「hea做」。龐大民意和醫學界的專業意見均要求政府全面封關，盡量減輕醫療系統壓力和社區傳播新冠肺炎的風險，林鄭月娥卻堅拒封關。醫護界罷工五日，林鄭卻如「擠牙膏」般逐步關閉個別來往港中關口。然而，穿了十個洞的汽球，補好七個洞也繼續是一個破球；只重視年年考第一的人如林鄭月娥，考試排名第二也不算考得好。雖然政府局部封關，絕對是醫護罷工的成果，但局部封關的客觀效果，始終是政府容許漏網之魚游入社區。

林鄭既不全力封關，也不全力急民所急，採購口罩。全球在鬧口罩荒，各國政府紛紛各施各法為民眾提供足夠口罩應付生活所需，林鄭政府在炒賣口罩的熱潮下提出價低者得的採購方針，其後更對公眾呼籲如有途徑可以採購口罩的話，希望轉介政府全力購買。坐擁萬億盈餘的特區政府，面對口罩供應短缺的局面，仍然因循本子辦事，甚至要向市民大眾求助，怎會令香港人認為政府有作為、願意作為呢？

林鄭政府不改悔，繼續以高壓手段回應民意。林鄭月娥面對新冠肺炎疫情，仍然以「止暴制亂」為綱。面對醫護以罷工為諫，提出全面封關、保障前線醫護安全的訴求，林鄭月娥反稱任何人如果認為用極端手段可以威迫政府，都不會得逞，反映她依然故我，以好勇鬥狠的態度來應付民情。政府一面挑釁醫護、一面縱容警暴，高價、高效購入警察的戰術裝備，又拒絕調派比醫護人員有更充足防護裝備的警察駐守隔離營，讓警察繼續在全城抗疫期間，作政權打壓異見人士的手足。警察繼續驅散美孚居民和西貢居民抗議興辦隔離營的和平集會，拘捕、毆打民眾和區議員。二〇二〇年二月，將軍澳有民眾自發舉行悼念離世三個月的學生周梓樂，竟惹來警察駕車衝入人群，向人群施夜催淚彈、發射橡膠子彈和胡椒彈，拘捕包括記者及區議員在內共一百一十九人，更有女區議員指遭警察非禮。在香港社會、經濟氣氛低迷之下，警察和特首卻繼續讓政治局勢和民怨升溫；在需要攜手抗疫之際，官方卻盲於止暴制亂。

政權如此，等於宣告：逆權運動尚未完功，香港人仍需努力。讀者也許會問：全城抗疫，仲講政治、搞鬥爭？事實上，真正在抗疫的，是香港的公民社會；真正在搞鬥爭的，是林鄭月娥和香港警察。抗疫後，香港人的組織力量嶄露頭角，新成立的醫管局員工陣線發起的罷工不單亮麗，也爭取到一定成果，更向香港社會展現專業人士在罷工與終止罷工前後有理有節的大我意識，為今後罷工維權作了出色的示範。

研究非暴力抵抗者，提出抗爭手段之一，就是建立平行體制（parallel institutions），與暴政分庭抗禮。香港人自逆權運動起，已建立強烈的自救意識與互相補足的精神，組織工會的運動也在各行各業迅速發展。這次抗疫，連資本家也投身其中，尋求自行供應口罩的方法。凡此種種，皆是民間建立自給自足的制度力量，抵抗不再介懷管治正當性與威信的政府的自救之途。我們要慶幸的，是在失敗國家之上，仍然有一個充滿抗逆力的公民社會（a resilient civil society）。

*本文初稿撰於二〇二〇年二月十一日

原題〈官好鬥狠　警暴依然〉，刊於香港《明報》

打壓、籠絡與消耗的持久戰

二〇二〇年二月，有報章揭露香港特首林鄭月娥向北京交「小報告」（下稱小報告），力斥醫護罷工並要求醫管局清算之餘，更不點名指責親中派議員和行政會議成員「沒有站在同一陣線」，等於和執政夥伴「割蓆」。

特首辦拒絕回應報導，在平常情況，政府一向立即澄清，指控報導抹黑、散布謠言和假新聞云云，但政府反常的沉默，反而增加報導內文的可信性。

假設林鄭月娥真的向中央提交關乎香港大局的小報告，那麼看官除了「食花生」，欣賞建制陣營和林鄭的內部不咬弦外，還有什麼亮點呢？我們從威權管治的角度分析，「亮點」其實簡單不過：林鄭政府志不在抗疫，而在誅逆——打壓異己、親疏有別。

傳統而言，研究威權政體的學者會將威權政府的管治手段分為「籠絡」（co-optation）與「打壓」（repression），前者關乎統治者如何吸納社會精英以鞏固統治的穩定性和正當性，後者則以直接或間接手段，掃除異見力量，保住政權的生命。用傳統中國政治的語言，就是「懷柔」與「高壓」之別。

但近年來，研究威權政體下社會運動的論者提出，政權手段有剛有柔以外，也可能有第三條路，就是在不力施壓迫手段的同時，也不走向與對手妥協之路。這條路就是「消耗」

（attrition）。[1]政權透過不同的策略——不管是有為或無為——消耗抗爭者的資源、政治機會、士氣、道德基礎，最理想是達到不戰而屈人之兵的效果，次之則為對手知難而退。「消耗」的好處，是政權兵不血刃，亦毋須負鎮壓污名；同時亦不必讓步，減低政權內部分化甚至倒戈的可能。

倘若把林鄭的小報告和京港官員近期的表現結合來看，「打壓」、「攏絡」、與「消耗」策略三者均相互牽引，而且變本加厲，令官府的抗疫工作，頓時變為清算人民的鬥爭。

林鄭政府打壓民間社會不遺餘力。報章引述的「小報告」，指政府會要求醫管局「嚴肅處理組織罷工的員工」，續說「不應容許害群之馬留在醫院工作」，意即清算合法罷工者以至阻嚇「三罷」，將會是未來政權打壓公民社會的議程。然而，罷工權利受香港《基本法》保障，醫管局員工陣線一連五日罷工的訴求，既合乎公益，也關係到員工個人安危，罷工合法合憲，倘若林鄭月娥清算態度明確，豈不是踐踏保障勞工權益的《基本法》？

面對各區反對增設隔離營和指定診所的和平遊行集會，執法的警察仍然是繼續截查參加者和途人、以胡椒噴霧對付遊行人士和記者。儘管警察並未動用催淚彈、橡膠子彈和水炮車等具殺傷力武器，但驅散和平集會、以公權力阻止民眾行使遊行集會權利表達異見的做法已成常態，政權過去容讓、協助和平集會的取態不再，市民的公民權利繼續被壓縮。

---

[1] Yuen, Samson and Edmund W Cheng (2017). "Neither Repression Nor Concession? A Regime's Attrition against Mass Protests" *Political Studies*, Vol. 65 (3)611-630.

政權並未停止打壓新聞界。警務處處長鄧炳強在香港電台《頭條新聞》播出諷刺警察的片段後去信廣播處處長梁家榮，投訴節目內容，要求梁家榮跟進。港府並於二〇二一年二月十九日，宣布梁家榮將提前離任。繼任者李百全於上任不到一個月內，先後抽走原定播放的時事節目，又以內部檢討為由，拒絕接受一切本地及國際新聞獎項的提名和領獎，成為香港電台編輯自主的劊子手。香港警察自二〇一九年六月儼如香港領導，對政務司司長、立法會議員、區議員的野蠻及濫權行徑比比皆是；警察在抗爭現場刻意動武阻礙、甚至攻擊採訪記者的行為，亦有不少現場記錄佐證；如今更直接干預香港電台節目的編輯自主，即便是飽受揶揄的林鄭月娥，也未曾公開要求廣播處處長跟進節目內容，鄧炳強作為在香港能夠合法殺人部隊的領頭，其做法就是要「槍指揮咪」，與外國軍政府試圖干預、控制傳媒的手段如出一轍。

政權打壓民間之餘，繼續親疏有別，攏絡既得利益集團，試圖重獲共謀者的支持。政府注資三百億港元到「抗疫基金」，當中只有四十七億撥入醫管局，小部分基金用來支援基層，卻用一百多億來支持在功能組別和特首選舉有票可投的批發零售界、飲食業界、工商、旅遊、漁農和航運界等，抗疫基金頓變為商界老闆的酬庸，小市民難以分霑。

政府資助本地口罩生產之前，親中工聯會就事先宣布設立口罩工場，呈現利益輸送之觀感；加上林鄭在「小報告」表明心迹，希望藉抗疫扭轉九月立法會選舉的建制派選情，抗疫基金是否流向本地工商界以爭取支持，穩住官商同謀的利益網絡，很快就可見一斑。

除了籠絡本地工商界和傳統左派勢力以外，政權籠絡屬下中資和社團的表現亦值得注意。中聯辦主任駱惠寧在本地商家頻頻出手「救港」——蒐羅、銷售口罩、生活必需品和清潔用品等等後，主動發布消息，視察中資連鎖超市和招商局倉庫，要求中資全力支持配合特區政府，不甘後人；後來駱惠寧又撰文指斥罷工醫護是政治「新冠病毒」，會見親中社團時又呼籲建制派團結一致應付二〇二〇年九月的選舉、力斥反對派要奪取香港管治權，更明言止暴制亂方針未止等等，總之是要鞏固建制派的凝聚力，為繼續與香港公民社會、民主派以至「分庭抗禮」的本地商家鬥爭作準備。

那麼林鄭政權又如何消耗民間力量呢？林鄭在疫症蔓延初期不作為，拒絕封關和調控必需品供應，客觀效果是散發社會恐慌，營造出社會混亂和蕭條的形象。在公營醫護罷工期間，一方面政府仍然否定全面封關，只願意作出局部封關舉措；另一方面搶米搶紙的訊息瘋傳民間，反對罷工的輿論亦同時升溫。由於政府只願意局部封關，新冠肺炎在社區爆發的危機感無法熄滅，罷工的前線醫護最終以民主方式暫緩下一波罷工，既是小勝，也折射政府曠日消磨的手段奏效。

但說到底，威權政體能夠有效運用上述手段以維持管治權的前提之一，和抗爭者一樣，就是要內部不分化不割蓆。林鄭的小報告，正正觸犯此禁忌，當好勇鬥狠者把同路人都成為鬥爭對象時，連親疏有別也做不到，管治精英的分化（elite disunity）只會更加嚴重。逆權運動要繼續走，就要以林鄭政府為鑑，拒絕分化，團結抗爭。

*本文初稿撰於二〇二〇年二月二十四日

原題〈政府在抗疫還是誅逆？〉，刊於香港《明報》

解構警察暴力之源

「六・一二」警察暴力，開啟頑抗之年

二〇一九年六月十二日，警方在金鐘以武力攻擊、驅散群眾，和特首一起抹黑集會為「暴動」，激起民憤，成為二百萬香港人上街的導火線之一。顯而易見，警方在六一二集會的表現並非源於個別警員的個人品行和專業操守，而是制度因素促成。警方武力鎮壓示威，相比雨傘運動和旺角衝突，絕對是變本加厲。

警察在清場時反映的粗暴和傲氣，至少折射四個結構性問題。首先，警察本來就是唯一能合法使用殺人武器的公權力。警察用橡膠子彈、布袋彈、催淚彈、胡椒彈和警棍對付示威者，不止是有無權力使用的問題，而是應否使用的問題。在六月十二日的集會，警方使用上述武器，絕對是過度和不合乎比例。驅散大量群眾的集會，根本毋須使用針對個別目標的槍械。一發橡膠子彈可以嚇怕民眾，換來的代價足以是傷亡。使用什麼武器並非前線警員作主，自然是獲授權的指揮官和高層決定。

其次，警員如何用武器執法、如何行動、配戴什麼裝備等，由警察部門訓練和設計，警務處有責任去確保前線警員行動而非縱容濫暴。六月十二日警員在無示警之下，向已獲不反對通知書的民陣集會施放催淚彈，險釀人踩人慘劇。而且，有警員將上彈的槍枝指向示威者頭部。警員配備的橡膠子彈和布袋彈，為免傷亡，即使要開槍也只應向下半身發射。警方現場指揮決定，以及

警員向市民頭部開槍，是意氣用事抑或積非成是，甚至是一早就預備好要生事？無人知曉。

再者，特別戰術小隊（俗稱速龍小隊）在當日制服並無佩上警員編號；但在二〇一六年的旺角衝突和二〇一九年六月九日遊行後的衝突，速龍小隊均穿上有警員編號的裝束。故此，警方是刻意改變速龍小隊裝備、刻意除去裝束上的警員編號。警員執法時倘有濫權行為，市民有權追究，就要知道警員身分；警員身分被掩蓋，等於縱容執法人員可隨意行使權力而毋須問責。市民無法知道警員身分，又何以分辨眼前戴上頭盔、手揮短棍的黑衣人，是除暴安良的警察，還是假裝執法的暴徒？

而且，警察執法期間的言行，反映了警方對示威者非常敵視的態度。這種態度，很有可能是「同溫層」——不，是同袍之間潛移默化和警察制度文化的結果。網上流傳警員在二〇一九年六月十二日清場時，在太古廣場玻璃門外以粗言穢語問候示威者母親，大罵他們；清場後，一群基督教牧師開記者招待會，憶述當牧師在前線試圖勸警員不要清場，反被警員指罵「叫你個耶穌落嚟見我吔！」一表現就如《聖經》中戲謔耶穌的羅馬士兵。警員敵視和平示威者，是個人取態還是整個警察社群的立場？看看最近四個警察協會的聯合聲明，強烈反對成立獨立調查委員會查明清場真相，辯稱現行制度行之有效；加上多年來不少休班警員犯法案件見諸媒體，反映同袍相衛、錯在他方、警權大於民權的思維和文化，溢於言表。

最後不得不提，現行監察警方執法行為的制度，根本行之無效。獨立監察警方處理投訴委員會（俗稱監警會）並無獨立調查權；市民如要投訴警察濫權，只能先到警務處轄下投訴課立案。

監警會只能核查警方內部調查報告，也不能處分或刑事檢控涉事警員。再者，亦有報章發現，二〇一一年至二〇一八年期間，共有二千一百一十九項投訴警察毆打的指控，但只有兩項指控被調查為屬實，成功率僅百分之零點零九。換言之，香港警察權力之大，除了來自其武裝本質，更源於缺乏有效的權力制衡機制。警方毋須受外部機制限權和承受濫權後果。

六一二警察清場行動，震驚香港社會和國際傳媒，成為六月十六日二百萬零一人上街「譴責警察、撤回惡法」的導火線。[1]之後，香港警察和政權既不撤回六一二集會的暴動標籤，又拒絕成立法定獨立委員會調查警暴。政權拒不讓步，成為反送中運動在二〇二〇年七月一日抗爭者佔領立法會不斷發酵、警民衝突繼續升級的根本緣由。

*本文初稿撰於二〇一九年六月二十五日
原題〈橡膠子彈與Hallelujah的鬥爭〉，刊於香港《明報》

[1] 讀者如欲進一步了解當日警察使用武力的問題，可參考香港非政府組織「民權觀察」的報告，題為《關於二〇一九年六月十二日警察於香港金鐘一帶處理反修例示威的武力使用報告》（只有英文版）網頁：連結：https://bit.ly/3xl64rN。。

抵抗國家機器的暴力產業鏈

儘管當局鎮壓反對修訂《逃犯條例》的「逆權運動」力度不斷升級，運動反而凝聚愈來愈多香港人支持，究其原因，至少可從三方面解讀。

第一，從運動文化來說，在今次逆權運動中，抱持不同運動政策略者皆強調「兄弟爬山、各自努力」、「不割蓆不譴責」、「齊上齊落」、「行動如水」（be water）的信條，抗爭者由過去所謂追求「和平、理性、非暴力」與「勇武抗爭」的二元對立演化為有機共存，互相補足，增加運動的機動力、不確定性和凝聚力，自然令政權難以捉摸；

第二，無論是溫和行動如社區連儂牆、機場集會，以至激進抗爭如前線佔領，運動形式百花齊放，訴求目標仍然一致。運動的五大訴求之一、要求成立獨立調查委員會，已經凝聚社會共識，實在毋庸置疑。政權仍然拒絕回應，站在社會大多數對立面，逆權運動當然會遍地開花；

第三，逆權運動之所以團結人心，是因為運動有力地揭示威權政府的暴力本質。這個暴力本質，是由結構暴力催生肢體暴力所致；暴力的動力，來自不受制約的權力。威權政府透過勾結社會精英和有權勢者來維持統治合法性和穩定性，並非新事。只是今次龐大而持續的運動，令一向支持政權的溫和中間專業陣營甚至公務員先後割蓆，迫使政權背後的利益集團「浮面」。

毛澤東說：「黨政軍民學，東南西北中，黨是領導一切的。」在香港，各方親政府力量在政權鎮壓運動的過程中配合得天衣無縫，是否真如民眾所指，是「官警商鄉黑」勾結，或黨領導一切的結果？我們不妨以二〇一九年七月二十一日在元朗發生的白衣人無差別襲擊市民事件為例，分析不同建制勢力說過什麼：

七月十一日，中聯辦新界工作部部長李薊貽出席十八鄉鄉事委員會就職典禮時，呼籲與會鄉民要「保衛家園，驅散反政府的示威者」；

七月十五日，立法會議員何君堯於社交媒體直播節目中，指對元朗六鄉非常有信心，「（示威者）多多嚟，你哋就密啲手，將佢打到片甲不留」；

七月二十日，前經濟日報副社長、主持電台投資節目的石鏡泉在建制派「守護香港」集會上發言，建議在場群眾學習元朗鄉親和深水埗街坊，用藤條「打仔」及塑膠水喉通「教仔」；

七月二十一日晚，大批白衫人以藤條等武器到元朗站無差別襲擊市民——特別是參與反送中遊行後回家的市民，警方卻遲遲未現身。在場與記者一爭口舌的八鄉指揮官李漢民，被市民拍攝到當晚與同樣穿白衫的市民拍膊頭，向他們道「心領」、「唔使擔心」；七月二十二日起，有參與白衫恐襲人士被捕，當中亦有部分人士有黑幫背景。

根據《公安條例》，任何人如無合法權限而在公眾聚集中發表的任何聲明或做出的行為，是意圖煽惑或誘使他人傷害甚至殺死任何人的，即干犯「公眾聚集中倡議使用暴力」之罪；[1]如任

[1] 香港《公安條例》第二十六a條。

何社團的成員或附從者，被組織或訓練或裝備，以便侵奪或看來會侵奪警方職能的工作，即干犯「成立半軍事組織」之罪。[2]姑勿論上述人士是否觸犯公安法，從時序可見，各方勢力接連發表針對反送中示威者的言論和元朗襲擊事件似乎是「承先啟後」，以暴力恐嚇和打壓參與政治運動的市民。究竟以暴力回應政治抗爭，是否已成為一條「產業鏈」？

也許，香港人曾經想像，即使沒有民主普選，只要有自由、法治，個人生命財產就能得到保障，也可以繼續享受表達自由。二〇一九年七月二十一日在元朗站發生的白衫人襲擊平民事件，卻對香港人「當頭棒喝」；同樣，香港警察在七月二十八日於元朗天橋和地面向平民和記者開槍、「速龍小隊」在西鐵站無差別亂棍毆打等等，市民血流遍地，港人怎不質疑，黑道白道以暴力傷人的程度和心態又有何差別？

警隊的法定職方代表，例如警察隊員佐級協會，公開與社會共識作對，反對成立獨立調查委員會；更公然違反警察通例中「警務人員不得就任何事宜直接致函行政長官、政務司司長、政府總部局長級官員或部門首長」的規定，越級譴責政務司司長，甚至要求他辭職。究竟香港能合法使用武力的執法機關，要繼續作人民公僕，還是想當以武力凌駕一切的準軍事政權？

屬於香港人的逆權運動，就是要透過團結人心，撥亂反正，守護香港。香港本是文官政府治理，更早應由民主政府作主。但警察部門的粗暴和傲慢，徹底打破了香港人的幻想。當行政機關

2 香港《公安條例》第五條。

為虎作倀、執法機關以暴力恐嚇社會時，逆權運動的重心就是抵抗制度暴力。政府愈無心戀治、警隊愈加暴戾，公務員自然人心思變，逆權運動的凝聚力就更大，以爭取真正雙普選為終極目標，打破威權管治的暴力產業鏈。

*本文初稿撰於二〇一九年七月二十九日

原題〈以逆權運動抵抗暴力產業鏈〉，刊於香港《明報》

警察「以武製暴」，算是反人道罪行嗎？

二〇一九年二月廿八日，聯合國針對二〇一八年以色列軍隊鎮壓加沙示威的獨立調查委員會公佈調查結果，證據顯示以軍的鎮壓已干犯國際人權法和國際人道法；干犯行為甚至構成戰爭罪行和反人類罪行（war against humanity）。[1]

獨立調查報告指出，總共有超過六千名沒有武裝的示威者在抗爭期間被軍方狙擊手以實彈擊傷；另有超過三千人被橡膠子彈和催淚彈擊傷。

死亡個案方面，一百八十三名巴勒斯坦人被射殺，當中三十五人為未成年人、三人為現場醫護人員、兩人為記者。

根據國際法，除非是合法自衛，否則蓄意射擊沒有直接參與衝突的平民實屬戰爭罪行。調查委員會認為，以色列保安部隊個別成員傷害或謀殺遊行示威中沒有直接參與衝突或沒有構成即時威脅的平民，正是戰爭罪行和反人類罪行。

聯合國獨立調查委員會的報告，除了交由人權理事會和人權高級專員跟進外，也會交予國際刑事法庭備案。

---

1 The UN Independent Commission of Inquiry on the 2018 Gaza protests. (2019) "No Justification for Israel to Shoot Protesters with Live Ammunition". *United Nations Human Rights Council*, 28th February. <https://bit.ly/2QScheb>

以上用大篇幅談論聯合國加沙示威調查，是為了對照警暴下的香港。

香港警察自二〇一九年八月以來，剝奪公民遊行示威權利和表達自由、鎮壓示威，槍擊救護員和外籍記者，甚至在中共國慶七十周年當日，在街頭持槍追逐示威者，近距離以手槍射擊未成年示威學生，成為反送中運動開展四個多月來，警察第一次以實彈直接射擊示威者。

香港警察以過分武力鎮壓示威者、濫權侵犯被捕者權利、甚至向示威者施以酷刑，早已透過外國傳媒和非政府組織的調查報告「揚名」香港和國際社會。[2]香港警察和上述以色列軍隊鎮壓示威者和民眾的行徑，可能只是「量」的差別，但其「質」可算無異：政權為了「止暴制亂」，不惜射殺平民，震懾群眾，豈會顧及人民死活？

香港警察射擊救護員、外籍記者、未成年學生，表面事實已經涉嫌干犯戰爭罪行和反人類罪行。香港政府拒絕成立法定調查委員會獨立調查警察執法；警察之間相衛成風，拒絕向市民展示委任證和警員編號，變相縱容警察無節制、無差別對付市民。加上香港缺乏獨立運作的法定監察警察機構，刑事檢控由北京委任的律政司負責，單靠法律又豈能有效制裁犯法的執法者。

所以，警察的所作所為等於告訴香港人：既然無法辨認個別警察有否違法，那麼「一小撮」警察濫權濫暴，等於是全港三萬多警察的共業了。現行制度和警隊高層包庇枉法之徒的操作，等

---

[2] Amnesty International. (2019) “Verified: Hong Kong Police Violence against Peaceful Protestors” last updated on 21st June. <https://bit.ly/2Pk41Dh>; Marcolini, Barbara et al. (2019) “Did Hong Kong Police Use Violence Against Protestors? What the Videos Show” *The New York Times*, last updated on 14th July. <https://nyti.ms/2QtiGwn>

於將全部警察「擺上枱」，成為眾矢之的。

究竟是誰將三萬警察「擺上枱」？前線警務人員，當然沒有權力去決定自己要不要戴委任證。那麼，主管警隊的高層，甚至是特區政府和中共公安部，究竟是為了保護同袍，抑或是加劇警民對立，證明警隊是「止暴製亂」的唯一選擇？

*本文初稿撰於二〇一九年十月一日

原題〈這是戰爭罪行、反人類罪行〉，刊於香港《立場新聞》

再無權威，只有威權；只懂譴責，不去問責

反送中運動爆發了三個月後，特首林鄭月娥不單不回應「五大訴求」，反而與大多數抗爭支持者為敵，在二〇一九年十月初以殖民地年代遺留予特首的《緊急規例條例》權力，繞過立法會，自行訂立《禁止蒙面規例》（俗稱《反蒙面法》），阻嚇市民參與反修例示威。

不過，《反蒙面法》甫出台，即招來數以萬計的市民蒙面示威抗議；在不受《反蒙面法》規管的地方如校園，學生依然戴口罩在操場示威；剛過去的星期六，仍有不少市民自發蒙面遊行。

為什麼民眾不響應政府「止暴制亂」，好好守法，反而繼續蒙面示威？民眾最直接的答案可能是：「咦，為什麼我還要聽政府的？」

這當然關乎政府威信和管治正當性的問題。政府尚有多少威信，看看民意調查便可知一二。香港民意研究所二〇一九年十月初公佈特首和問責官員評分調查，以及針對反蒙面法的網上調查。兩個民調反映的結論，可以說是「高官問責制」完全破產：有八成受訪者反對林鄭月娥出任特首、四分之三受訪者反對鄭若驊出任為法治把關的律政司長；只有兩位問責官員的支持率淨值出現正數，但支持率均不超過百分之十；無一位問責官員有超過四成受訪者支持。政府本來最能短時間挽回民望的方法是調查警暴，要求警隊問責；但始終無人要為修例和警察濫權和使用暴力對社會造成的傷害而問責；官員多番譴責遊行人士，卻對民眾訴求置若罔聞、對保障民眾表達自

由毫無承擔——何況蒙面本身，就是宣示政治信念的方式。

民調結果亦顯示，反對政府的龐大民意並沒有逆轉，政府民意戰確實兵敗如山倒。二〇一九年九月二十六日，林鄭政府舉行公眾「對話會」，非但沒有贏回公眾——尤其是中間派信心，反而更令主張官民對話的溫和派對政府「意見接受、態度依舊」的嘴臉反感。不少市民在對話中明示反對政府立法禁止蒙面示威，政府隨後卻以緊急法推出反蒙面法，令香港局勢火上加油，加劇市民和外國投資者的恐慌及不滿情緒，難怪絕大多數市民不再信任政府班子的管治和決策能保障人民的生命財產和基本權利。當政府首長只剩下百分之二十的支持率，其管治正當性和認受性幾近「玩完」。

可以說，林鄭和她的班子，再無權威，只有威權；只懂譴責，不去問責。

政府威信潰散，執法部門更甚。由六月十二日警方開始隱藏識別身份的委任號碼作武力清場起、至七月廿一日元朗恐襲、八月三十一日太子港鐵站死亡疑雲和十月一日以實彈槍擊中學生等等，警察濫權、以肢體暴力、非人化暴力和酷刑對待示威者以至市民大眾的行為和形象深入民心，亦令不少市民活在警暴當道的恐懼之中。

公民社會多番鞭撻香港警察在遊行示威執法時拒絕展示委任證和執法採取雙重標準，正是因為民眾法治意識濃厚：法治遠多於所謂「謹守法紀」、「有法必依，違法必究」的低層次要求；法治是為了規範、限制公職人員權力，俾以維持政府公信力、保障市民生命安全和人權。香港人深信法治社會，人人平等，但香港警察的作為，卻造成「警大於法」的事實。但令人感到可笑和可悲的是，警方高層面對社會各界的質疑，並非實事求是，卻反對獨立調查，力阻市民要求警方問責；他們拒絕以理性和證據證明各方指控是否真確，卻繼續將前線警員推向市民的對立面。

此話何解？看看政權特意委聘的警務處「臨時副處長」劉業成向香港警察發出的「家書」，他指社會形容警隊為「黑警」是「最大的陰謀謊言」、「根本上是沒有黑警，本來亦沒有仇恨。指控是虛假的、仇恨是不真實的」。再看看這幾天香港警務處在社交媒體專頁的帖子：當市民質疑警察在港鐵上水站裝扮成示威人士破壞設施，警方的澄清是『所有警務人員絕不會進行任何違法行為』；警方又曾一度聲稱，男警沒有進入屯門醫院產房看守被捕孕婦，但幾小時後，當有相關人士指控警方聲明失實，警方其後又出帖證實男警在產房內的獨立檢查間核對孕婦資料；警方面對解放軍和武警混入警隊執勤的質疑，並非透過公開警隊編制和警員編號作澄清，而以「絕無此事」作結；到最後，警方以一個名為「不要二次傷害」的帖子，指網絡流傳大量針對警隊、不負責任的失實指控，對其他案件死者家屬造成二次傷害。

社會大多數市民對警方聲明的反應，大概會是：「咦，警察還有什麼公信力要我去相信你呢？」

現屆政府還有沒有機會重拾民眾信任？這的確很難說。但政府如何能夠繼續在民意上走向新低，方法卻是很清楚的：第一，只要繼續以武力鎮壓示威止暴制亂，官民矛盾就一定不能解決，亦能繼續令前線警員成為磨心，受盡街坊、年青人、專業人士以至社會各界斥責；第二，只要政府繼續消磨公務人員的問責精神，拒絕讓具有公信力的人士透過獨立調查委員會，讓一系列激化示威的議題諸如警政制度缺失、警方高層決策失誤和縱容前線警員濫暴等無法成為官方議程，涉及違法濫權的警方高層和指揮官就無需停職受查和承擔責任。警方領導層無需問責，客觀效果是任由前線警員濫權濫暴，令全港近三萬位警務人員，同享警方決策和指揮班子「止暴製亂」的榮耀，民眾就更難對執法部門和政府重建信心。

民間要求成立獨立調查委員會的前設，是社會仍然對香港政府和法制現存的制度抱有信心，相信它能不偏不倚，能夠尋根扣問，打破警政衝突和官民矛盾日益激化的死局。彭定康（Chris Patten）在一九九七年卸任香港英殖總督後，回到英國領導一個獨立調查委員會，查考、聽證北愛爾蘭經過多番社會撕裂和衝突後的警政問題。兩年後，委員會出版報告，提出了一百七十五項建議，要求警政以人權為本，提高問責質素，設立針對警政的獨立申訴專員，改革管理、人事、警察訓練、教育與警隊文化，並提出修改警察倫理守則和大幅削減警察數目，以挽回公眾對警察信心，修復社會。[1]

假若現屆特區政府及時以此借鏡，相信定能挽回多少社會信任，亦能透過查辦警隊上下的害群之馬，一新氣象。但政府民望低迷之餘，仍然樂於維護警隊，不讓他們受到公正的調查。

事實上，林鄭政府公信力之低，即使答允五大訴求，也再難取信公眾。除非北京決定大刀闊斧換新班子，讓新班子落實五大訴求，尤其是成立獨立調查委員會，革除失職警方領導和重整警

---

1 The Independent Commission on Policing for Northern Ireland. (1999) *A New Beginning: Policing in Northern Ireland.* <https://bit.ly/2QPhbIK>.

隊，否則官民復和及重回正軌的願景，可以休矣。

*本文初稿撰於二〇一九年十月十四日
原題〈政府威信破產，前線警察埋單〉，刊於香港《明報》

警暴心理學（一）：警察製造的非人化暴力

逆權運動創造了香港的「自由之夏」，一方面成功在社會大眾和國際舞台展現香港人團結一心、創意無限和不畏強權的氣質；但另一方面，運動所呈現和引發的暴力卻有增無減。

運動呈現的暴力，肇始於二〇一九年六月十二日市民包圍立法會、警察——尤其是沒有佩帶委任編號的特別戰術小隊——以各種可致命武器射擊市民以清場。其後，七月廿一日的元朗恐襲事件、八月十一日警方大規模鎮壓、在港鐵車站內施放催淚彈、拘捕示威者至新屋嶺，其後更流出警察對男女示威者施以酷刑甚至性暴力的傳言；八月三十一日，警方在太子港鐵站武力清場，傳出有市民因而喪命的消息，至今仍然是謎團。至於示威者，面對執法部門和黑勢力用武濫暴，也改變了應對的手段，以武自衛的意識和行動也隨之提升。

國際特赦組織公佈實地調查報告，透過訪問逾二十名被捕人士，以及律師、醫護人員及其他人士的證詞，揭發香港警察被揭任意拘捕、扣留期間毒打和酷刑對待被捕人士，是明顯違反國際人權法的證據。[1]

對於把持公權力執法者以酷刑對待示威人士，我們斷不能習以為常。我們不禁要問：為何在

---

[1] Amnesty International. (2019) "Hong Kong: Arbitrary Arrests, Brutal Beatings and Torture in Police Detention Revealed" last updated on 19th September. <https://bit.ly/3ngbBeF>

文明社會，上座者和執法者可以肆意使用，甚至濫用暴力而振振有辭？

David Livingstone Smith對「非人化」（Dehumanisation）的研究，或者能為我們提供一個批判的視角去解答上述疑問。[2]作者關心的問題是，為何人類在歷史上可能衝破自然本性和心理關口，參與種族屠殺？他認為將人類「非人化」，正是人類相殘和種族屠殺的動力。作者旁徵博引，探討二戰時納粹德國將猶太人稱為「老鼠」、盧旺達胡圖族把圖西族人喚作「蟑螂」（甲由）而進行種族屠殺，以及歷史上將奴隸視為動物——次人類（subhuman），他認為這些稱呼，並非僅是作為類比或比喻，而是讓人心理上真誠相信對方是次人一等的動物。

作者認為，「非人化」並非指將人「物化」或刻意貶低人的價值而已；非人化所指的，是將對方視為只是有人型外表或類似人類的生物，卻缺乏人之為人的本質（essence），例如西方基督教文明強調的「靈魂」。「非人化」甚至可以將人視作如沒有生命的物件。例如香港警察，就曾公開形容在抗爭現場的一名市民為「黃色物體」。[3]然而，大家同為智人（homo sapiens），何以能夠視對方為非人的次等動物？作者認為，這要從心理因素解釋。人有認知能力區分不同生物的物種和人類的種族，但人類歷史長期以來均抱持物種有等差的宇宙觀：天神固然至上，至於

[2] Smith, David Livingstone (2011) *Less Than Human: Why We Demean, Enslave and Exterminate Others.* New York: St. Martin's Press.

[3] Victor, Daniel and Elaine Yu. (2019) "A Man or a 'Yellow Object'? Hong Kong Police Dispute Assault Allegations" *The New York Times*, last updated on 24th September. <https://nyti.ms/3vhKD9i>

「非人」的生物，自然位居人類之下。比如遠赴南美殖民的葡萄牙人，視當地土著為沒有靈魂（soulless）的擬人生物，並不將他們視為人類的一分子，是以正當化俘虜土著作為奴隸的行徑。

被「非人化」的人類，往往被冠上負面的形象和特徵：他們令人厭惡、恐懼、憎恨、鄙視，也會被當作弱肉強食的野獸和不潔的動物，甚至反過來是強者的獵物。從歷史和人性經驗而言，「非人化」顛覆了「人」為本的習俗和限制族群相殘的道德規範，正當化人類相殘。只要認為對方並非人類，而是次等生物，那麼採取暴力手段消滅對方並非殺「人」，又何罪之有呢？

「非人化」工程得以「發揚光大」，有賴傳媒——尤其是國家機器——渲染。盧旺達胡圖族稱圖西族人為蟑螂之餘，更動之以情，經常述說胡圖族人如何被圖西族人欺壓受苦；美國研究廣告宣傳的學者亦發現，自「九一一」恐襲後，恐怖份子嫌犯、敵方軍隊和領袖以至其國民，均被描繪成美軍的「獵物」。「非人化」的宣傳除了面向大眾，亦面向有公權力動武的執法機關和軍事人員。作者引述Peter Watson的研究，描述美國海軍協助軍人應付殺人的心理壓力，方法之一就是訓練學員視敵方為非人的生物。學員要參與課堂和觀賞影片，內容強調敵方的習俗和性格傷害美國利益之餘，更嘲笑敵方的風俗愚蠢無知、地方人民領袖個性邪惡，是以灌輸殺敵有理的意識。所以，「非人化」亦是一種心理策略，正當化殘害某一人類社群的行為，亦是紓解人類參與種族清洗（genocide）心理衝突的方法。

至於香港，國家機器正將「非人化」的意識，灌輸到執法機關和支持政府的群眾。逆權運動以來，有親建制時事評論員、立法會議員和警察員佐級協會會長，多番發表公開言論和聲明，指參與運動的抗爭者「與蟑螂無異」，正是將參與逆權運動的香港人社群「非人化」。這些旗手並非純粹貶抑抗爭者的形象，而是作為親政府陣營的反動員論述，公然鼓吹警察和支持警察的市民視抗爭者為「傳播瘟疫」的「甲甴」，要「打甲甴」。警方一方面在例行記者會回應這種說法為「不理想」、「不禮貌」，意圖淡化「非人化」的嚴重性；但另一方面，前線警員仍然肆無忌憚的呼喝前線救護員為「甲甴扮救護」、街坊「有人唔做做甲甴」。

「有人唔做做甲甴」一句話，足見在前線警察心目中，人類和他們稱為「甲甴」的示威者，已經有物種差別；這種視人非人的意識，可能是警察對示威者濫權濫暴，甚至施以酷刑的心理原由。香港警察抱有這種族屠殺依賴的「非人化」意識，既是國家機器支持警察、推波助瀾所育成，也是政權對這些非人化仇恨言論噤聲縱容的結果。

更令人憂慮的是，這種視示威者為次人生物的態度，是否如上述美國海軍一例，是訓練前線警員、防暴警察和特別戰術小隊應付大型示威，用以紓解暴力執法的壓力和正當化「止暴製亂」的內容之一？

倘真如此，逆權運動要面對的，並非單是個別仇視示威者的警察，而是國家機器有系統地生產的非人化暴力（violence of dehumanisation）。

*本文初稿撰於二〇一九年九月二十三日原題〈非人化的暴力〉，刊於香港《明報》

警暴心理學（二）：「止暴制亂」的理論盲點

監警會禮聘五位國際專家宣布總辭，儘管監警會在記者招待會用盡語言藝術，指專家「完成階段性工作」云云，但仍改變不了專家退場的尷尬局面。

五位專家經驗老到、享受國際聲望，眼見由民望低迷的特首所委任的監警會成員良莠不齊，更有副主席張華峰公開贊成速龍小隊不一定要展示警員編號，使其「執法時無後顧之憂」，專家們豈不恥與為伍？

其實，要汲取國際經驗去審視警察處理香港反修例逆權運動的得失，只要肯細讀專家們早年發表的報告，已是難能可貴。專家之一、曾任女王陛下警察監察局總督察的Sir Denis O'Connor，在二〇〇九年發表一份名為《適應示威》（Adapting to Protest）的報告，研究警察在遊行示威期間處理當代公共秩序時又不失英國警政核心價值——保障公眾安全，同時維持一個包容多元的和平社會——的最佳辦法。[1]筆者翻閱該報告，亦發現箇中不少分析值得政府、執法者和社會大眾省思和回應。

---

[1] Her Majesty's Chief Inspector of Constabulary (2009) *Adapting to Protest: Nurturing the British Model of Policing*. <https://bit.ly/3niM9VL>

香港警察被視為「暴警」、「黑警」，既關乎警察所用過度武力，亦關乎警察從心底裡如何看待示威者。筆者認為，警察為了「止暴制亂」不惜一切，輕則稱呼示威者作「曱甴」，重即棍槍兼施，極可能有一套意識型態、價值和理論系統支撐。這套知識系統，也許來自過時的古典群眾心理學（classic crowd psychology）。

《適應示威》第四章探討群眾間的動力（crowd dynamics）與公共秩序警政（public order policing）的關係，邀請了一位社會心理學家剖析群眾心理學如何影響警政。該學者指出，如果警察依仗古典群眾心理學的理論作為警政基礎，結果只會是以暴「製」亂。古典群眾心理學的問題在於將群眾行為抽離處境解讀，認為群眾本質是不理性、危險且容易被煽動者利用。這種前設得出的結論，就是現場群眾危害公共安全和公共秩序；必須使用武力，才能控制這群不可測、無定性的群眾。對篤信這理論的警察來說，不論群眾內部如何多樣分殊，警察眼中只有兩群人：「無理大多數」（irrational majority）和「暴力一小撮」（violent minority）。

然而，該學者認為古典群眾心理學的確過時，亦愈來愈缺乏科學理據支撐。他認為，以社會身分作為模型（elaborated social identity model）去闡釋群眾行為更為適切。社會身分模型反過來強調群眾行動本質由處境斷定；警察在現場應對群眾的行為、策略和手段會影響各方人馬之間的心理互動，從而對群眾構成正面或負面影響。該學者舉例，如果警察在示威現場無差別使用武力，對群眾構成負面影響之餘，只會增加危害公眾秩序的風險。警察無差別攻擊，會激發群眾的團結性，因為群眾分享同一觀感，認為警察行動不正當，誘發凝聚人心的身分認同，齊上齊落。

當群眾認為警察已不再有正當性，群眾內部就會更認同刺激衝突來增加社會影響力，亦會接受示威者與警察發生肢體衝突是合理和正當的。

群眾活動會否激化，端視乎警察究竟以什麼態度看待示威者、以什麼手段去應付示威。看看香港的反修例運動，由二〇一九年六月十二日警察在未有事先通知的情況下，向民陣已取得不反對通知書的合法集會施放催淚彈，險釀「人踩人」事件，又在現場多次向示威者頭部發射能致命的橡膠子彈和布袋彈等，令警察被視為使用過度及不必要武力；亦因如此，運動確立五大訴求，其中三項明確針對警暴。由於政府一直拒絕回應訴求和調查警暴，警察對民眾的公信力和行動正當性愈來愈低。到了七月二十一日元朗的恐襲事件，更將警察的正當性推到最低點。電視節目和錄像均有證據顯示警車在元朗巡邏期間已有大批白衣人在街上徘徊；至白衣人在元朗港鐵站施襲時，現場兩名巡警施然離去、元朗警署更落閘停工、報案熱線無人接聽等等。無警時分，更令社會大眾產生警黑合作的觀感，認為警察不但無法除暴安良，更成為破壞社會安寧的同謀。警察無差別使用武力驅散遊行集會、默許黑勢力無差別襲擊平民，幾近喪失正當性，亦令示威人士不分和勇，團結一致，甚至不介意前線使用武力。故此，香港反修例運動的群眾行動，的確是由警察處理大型示威的手法迫出來的。

從香港警察處理遊行集會的手法和態度可見，他們「鎮壓為本」的理論基礎，就是源於上述落伍的古典群眾心理學。當執勤的警察指揮官和前線警察視參與示威人士為一群缺乏理性和主見、只會被少數人利用的烏合之眾，他們就只會倚仗武力「止暴制亂」，但結果也只是藥石亂投，令民眾更不信任警察；加上警察多次被發現不合理和過度使用武力對付示威者，社會大眾就更認為警察行動不正當、將局面愈搞愈亂。

如果政府和警隊高層真心要停止社會矛盾激化的話，首先就要讀好書，拋棄過時理論，以先進的社會心理學去了解逆權運動參加者的身分認同，如何被警察的暴力和無理對待激發出共同體的意識。同時，警察上下應好好學習國際人權公約和香港人權法案，不要只讀警察通例和公安條例，而對普通法案例完全無知。示威者絕非警察口中的「曱甴」，而是與香港社會共患難的一群理性公民。警察繼續視群眾為犯法之徒、將行使基本權利、表達政見的活動視為暴動、肆意取消合法集會、甚至凍結支援示威者的眾籌基金藉以恫嚇市民的話，最終正當性和公信力都會完全破產，警察任何處理大型公眾集會的手法，都會被社會大眾唾棄。

《適應示威》第四章建議警察應採取「協助群眾活動，保持和平行為」的手法，積極和群眾活動主辦者聯繫溝通，尤其是及時向主辦方通報警方會否及如何使用武力，以保障、促進群眾行使公民權利為先，而非把所有遊行示威均視為犯罪活動看待。

上述為《適應示威》提供社會心理學研究的學者，正是監警會國際專家小組成員之一 Clifford Stott。他十年前對英國警政的貢獻，究竟有多少香港警察會看得懂、看得通？二〇二〇年秋，Clifford Stott和香港的警政學者發表論文，並以警政心理學的框架分析香港警察為何在反送中示威止暴「制」亂不成，反而不斷以武「製」暴。[2]究竟香港警察要繼續以不合時宜的群眾理論作行動指導，還是願意汲取教訓、虛心學習，好好讀書，了解國際專家過去的分析和建議？

*本文初稿撰於二〇一九年十二月二十四日
原題〈警察「止暴制亂」的理論盲點〉，刊於香港《明報》

[2] Clifford Stott, Lawrence Ho et al. (2020) "Patterns of 'Disorder' During the 2019 Protests in Hong Kong: Policing, Social Identity, Intergroup Dynamics, and Radicalization", *Policing*, pp.1-12. Doi:10.1093/police/paaa073.

社會回到正常，等於對政權暴力習以為常

筆者執筆本文初稿之時（二〇一九年十一月）身在南韓，應邀參與一個關於東亞地區的「和平論壇」。誠然，和平不是爭議的消失，而是公義的彰顯；真正的和平是正義的果實，絕不是靠鎮壓異見而得來。鎮壓只會製造恐懼；而和平的本質就是要人免於恐懼，活在自由而平等的秩序。

和平是正義的果實，就是透過以理性為本、有公信力、公正不阿、有權制衡濫權者的制度——例如民主政制——有效處理政府和人民之間的衝突，令政治問題，毋須透過叢林法則解決。缺乏民主和有效制衡權力的機制，縱使理性（reason）論政，也只停在月旦天下的層次，難以達至善治。公權力賦予執法人員合法使用武力，「用家」卻變得毫無節制，用權用武鎮壓示威、「止暴制亂」，更非治理文明社會的良方。

監警會海外專家之一Clifford Stott在個人推特（Twitter）公開海外專家小組的聯合聲明，認為監警會調查權力及範圍有根本的結構限制，阻礙監警會取證；他們亦明言監警會缺乏調查權，不符合重視自由與權利社會的國際監警組織標準。[1]

1 連結：https://bit.ly/32Lc5Qo。

政府費盡心思要迴避成立獨立調查委員會去追究警察暴力，邀請海外專家參與監警會審視二〇一九年六月以來有關反送中示威的工作。但海外專家的立場呼應多個月來市民大眾和人權組織對監警會的批評，實在有的放矢；也證明香港政府對專業監警的認知和水平，遠遠落後海外專家和本地人權團體。

監警會擁有的法定權力，不足以究責違反規例和法紀的警員，並非新事。香港人權組織過去經常到聯合國進行聽證遊說，力斥監警會的問題；聯合國相關委員會自二〇〇〇年起，也多番要求政府改弦易轍，惟總不得要領。

以二〇一五年聯合國審議香港提交的《聯合國禁止酷刑公約》報告為例，當時香港有四十九個人權組織共同向聯合國遞交影子報告，力陳香港缺乏一個獨立機制監察警務人員：監警會只能覆檢投訴警察課的個案，而投訴警察課是警務處的一部分；監警會的成員全由行政長官委任，監警會亦無權主動接收投訴，亦只能對警方決定作出建議；監警會連向警方索取處理大型示威手冊的權威也沒有。[2]

投訴警察課往往被詬病為「自己人查自己人」；連有警察涉嫌在警署內輪姦少女的投訴，竟交由當區重案組調查，對「自己人查自己人」的指控毫不避諱。監警會只能覆檢投訴課個案，淪

---

2 Submission from NGOs coordinated by the Hong Kong Human Rights Monitor to the Committee Against Torture on the implementation of the CAT in the Hong Kong Special Administrative Region, China. <bit.ly/2WZpMrm>

為「無牙老虎」。無論監警會最終報告如何，也無法修補五成受訪市民對警隊的零信任。[3]

在二〇一九年十一月勇武示威者發起「黎明行動」的三罷前夕，便衣警員和防暴警察衝入又一城，在室內以警棍和胡椒彈攻擊市民和示威者；防暴警察在荃灣上車離去時，毫無預警地向天橋發射催淚彈，擊傷一名記者；到晚上，防暴警察多次在沒有搜查令的情況下闖入民居作拘捕行動。「黎明行動」首日，防暴警察首次在香港理工大學和香港中文大學範圍發射催淚彈和布袋彈；而且，有交通警察竟向並無持有武器的示威者連開三槍，令兩名黑衣人倒地，是十月一日警察向中學生開槍後，再一次以致命的實彈攻擊示威者；同日，有交通警駕電單車連續撞向示威者。電單車絕非警隊動武的工具，涉事警員的舉動，換上是平民百姓，已經可以被警方以危險駕駛和蓄意謀殺來拘捕。坊間流傳一句話：「犯法就是犯法，除非你是警察」，前線警察的作為，如何令人篤信警隊專業？

香港警察的表現，只反映其不諳通例，不讀案例。針對警察以阻差辦公為由逮捕保安來強闖私人地方，早有案例判明規範。香港最高法院*The Queen v Chan Oi-lin*一案，大廈管理人拒絕警察進入大廈而被控阻差辦公（妨礙警務人員執行職務）。最高法院判辭指出，在無特定嫌疑人的情況下，警方進入私人地方的目的，只可能是就案件作初步調查，法院是故裁定《警隊條例》第五十（三）條——即警務人員可在有理由相信任何須予逮捕的人已進入或置身在某處進入私人地

3 中大傳播與民意調查中心民調，於二〇一九年十月十六日《明報》發布。

方搜查——並不適用於警務人員打算進入私人處所進行調查的情況；大廈管理人阻止警察入內，並不構成阻差辦公。[4]至於保障記者採訪權利，亦載於《警察通例》第三十九章，列明在事發現場的警務人員，不應妨礙傳媒的採訪工作。

警察要專業執法，就是要依據法例和案例的理性規範去行動，而非訴諸情緒，靠指罵市民為「甲由」、在抗爭青年周梓樂告別人間當日就大喊要「開香檳慶祝」。警察即使「船堅炮利」，有精良武器應付示威，如果失去紀律、缺乏公權力監管和人權為本的專業倫理，和破壞社會安寧的暴徒又有何分別呢？

讀者可能會問，筆者對示威者的行徑隻字不提、毫不譴責，「公平嗎」？的確，暴力皆非圓滿解決政治衝突之道。但暴力並非鐵板一塊，示威者和合法使用殺人武器的警察，權力完全不對等。反送中示威經過了一年多，超過一萬人被捕；但警員可以繼續遮蓋委任證，蒙面執勤，在大街小巷和民居無差別地攻擊示威者、記者、前線醫護人員、急救員，甚至圍觀的平民；筆者執筆之時，仍無任何一名涉嫌不按指引、過度使用武力的警員被拘捕、起訴。執法者和示威者以至市民之間權力懸殊，「權力使人腐化」的金科玉律，我們又如何迴避？

二〇一九年，智利爆發連串大規模示威，抗議地鐵加價；後來示威者和警察衝突，造成多人死傷後，當地檢察官表示擬調查十四名涉嫌虐待示威者的警員；總統亦承諾會調查任何不按指

---

4 *The Queen v Chan Oi-lin*，未經彙編，刑事上訴第一〇七號，一九八四年四月十三日。

引、過度使用武力的個案，起訴警察的力度，與應付暴動者相同。智利政府公開表達徹查警暴、撥亂反正的決心，但我們的政府，在這方面毫無承擔。正如監警會海外專家所講，按反送中抗爭的規模，監警會根本不足以應對調查。唯有一個獨立調查機構方能做到查明真相、彰顯公義的果效。

智利民眾早前在建築外牆塗鴉，寫上一句：「我們不能回復正常，因為原來的正常，就是問題所在。」[5]我們回不了去，不是因為今日亂局不止，而是因為社會回到正常，只會延續權力秩序的不正常。沒有真正和根本的制度變革，香港只會繼續是一個沒有民主普選、警權沒有制約、普羅大眾繼續成為被當權者用政治暴力威脅和壓迫的城市。

*本文初稿撰於二〇一九年十一月十二日

原題〈社會回到正常 就是延續權力秩序的不正常〉，刊於香港《明報》

5 原文為西班牙文（No volveremos a la normalidad, porque la normalidad era el problema）。

向示威者開實彈，算什麼專業執法？[1]

二〇一九月十一月十一日，民間發起「三罷」行動，按傳媒影片所見，一名交通警員早上在西灣河向示威者開槍。片段顯示，該名警員抓實一人，在未有警告下舉槍，向另一人開槍，傷者仍然留醫。此外，同日早上在葵芳，有交通警駕駛電單車三度撞向示威者，至少兩人倒地受傷。

聯合國同年八月公佈的「執法使用較低武力人權指引」列明，使用槍械火器驅散公眾集會，往往是不合法的行為。

在香港，警方一直拒絕公開《警察通例》第二十九章「武力與槍械的使用」的部份。不過，在二〇一一年高等法院原訟法庭Sony Rai一案中，警方應法庭要求，公開了部分準則。[2]通例列明，警務人員應對公眾，必須有最高度的節制，除非必要情況，才能使用最低武力達至目的，而達到目的後必須停止。警察要使用火器即槍械，前提是次一級的武力不能保護任何人包括警察自己免於死亡或身體嚴重受傷，或者有人涉嫌干犯嚴重和暴力罪行，並試圖逃脫。然而

1 作者按：二〇一九年十一月十三日，筆者應香港電台邀請，主持當日電視時評節目《左右紅藍綠》。到了二〇二〇年九月二十三日，香港的通訊事務管理局表示接到投訴，指該集和另外三集節目的主持（包括筆者）評論警方執法行動時有欠持平，並包含「具損害性的批評」，香港電台亦沒給予被批評的一方回應。香港電台表示有關節目已從網站移除，該節目時段現已有其他節目取代。本文是筆者當日節目講稿全文。

2 *Sony Rai v Mr. William Ng, ESQ., The Coroner of Hong Kong and Others* (2011) HCAL 85/2010.

先前有傳媒揭露警察修改準則，指「以毆打行動『引致或相當可能引致』他人死亡或身體嚴重受傷」，已可使用致命武力攻擊。

不過，案例凌駕警察通例，二〇〇九年的陳巧文案，判詞講明警方只可使用合理而合乎比例的武力應付示威。二〇一九年一月審理朱經緯案的終審法院發表終極判詞，指出，儘管警察執勤困難，但仍不可使用不合理武力。[3]

在西灣河的開槍事件，受傷的示威者事前均未有攻擊該名警員，亦無持有武器或打算逃走，該名警員亦已脅持其中一人。在毫無警告下使用真槍實彈射擊手無寸鐵的示威者，有極大機會殺死對方或令對方嚴重受傷，明顯使用過度武力，甚至構成意圖謀殺。而葵芳事件就更不用說，交通警的電單車，絕對不是警察的武器。

要制止警察繼續用「我就是法律」的態度執行職務，我們需要用更大力度約制警權。在先進地區如紐約、洛杉磯和加拿大，警方均會公開部分武力使用的指引。所以，警方應公開《警察通例》相關章節讓公眾知情；政府亦應立即成立獨立調查委員會，取代監警會現時的工作，撤查警方由二〇一九年六月十二日以來處理大型示威的手法和造成的人權問題，懲處濫權和違法違例的警務人員。

至於以真槍實彈射擊手無寸鐵示威者的交通警，以及另一位以電單車三度撞向示威者令至

---

3 *Chan Hau Man, Christina v Commissioner of Police* (2009) HCAL 139/2008; *HKSAR v Chu Frankly* (2019) FAMC No. 56 of 2018 [2019] HKCFA 5.

少兩人倒地受傷的交通警，警察如不作出拘捕行動，就應清楚解釋理由，何況，既然警察可以用「公眾地方行為不檢」為由，拘捕在學校門口播放歌曲的中學生，又可以因為區議會選舉候選人在現場質疑警員蒙面，而被噴胡椒噴霧和被捕，對於涉嫌「意圖謀殺」和「危險駕駛」的警員，警方豈能只將涉事警員以休假方式處理，而非立即拘捕，接受刑事調查呢？

*本文初稿撰於二〇一九年十一月十三日

威權警政是香港的政治病毒

在香港國安法通過後，中共國安獲賦權在「有需要時」在港執法；香港警隊也成立國安處，專責處理牽涉國安罪行的工作。在威權國家，國安人員往往是權力無邊的國家機器的核心。當「警權無限大」的時候，我們來批評還有何用？

筆者要指出的是，香港即使沒有國安法，也不等於警察權力過大的問題不存在。第一，批判警隊的作為，並非僅僅針對個別警員操守，而是我們長期的觀察和體驗，明白到警隊的「暴力」，是有系統、結構性的暴力；這種有系統、有組織的暴力，不斷破壞香港單薄的法治與民主。第二，警隊被視為「暴力」的言行，在新冠肺炎在港爆發以來，明顯變本加厲。有論者認為香港已步入警察國家的狀態，但筆者認為，把香港警隊所作所為，稱作「威權警政」（authoritarian policing）更適合。警隊擔當威權政府的「打手」，其執法的準則，是維持保障政權生存的法紀（law and order），而非捍衛能保障公民權利的法治（the rule of law）；為了維護政權生存，警隊在有利的制度下，敢於挑戰甚至破壞既有的政治規範。

威權警政的背景，正是作為對香港有最終「話事權」的北京，將公安與國安元素，嵌入對港政策。二〇一九年夏天，中共提出「止暴制亂」的綱領，作為應付香港的反修例逆權運動的指導方針；及後，中共公安部長趙克志出任港澳工作協調小組副組長，中央對港決策者包括公安系統的領頭，反映了大陸執法部門服膺黨政治領導的作風延伸至香港特區。在這背景下，香港警隊作為本地最龐大的執法部門，如何配合中央「止暴制亂」的方針之餘，更將警權的長臂，伸入香港的法治與民主？

第一，警隊以「法紀為劍、上綱為盾」，正是其指導思想或意識形態。所謂法紀為劍，就是呼應中共以法律為武器的取態，天天高呼「捍衛法治」，其實只是「維護法紀」，強調民眾守法，但執法者犯法，卻有酌情可言。警察可以任意以「阻差辦公」之名拘捕民選區議員，但對有交通警在駕駛電單車時「大鵬展翅」，警察代表在立法會卻稱有案例證明並無不妥，但事後連相關案例編號也無法提供。法律本來是理性的結晶品，但到了執法者手上，頓變成不理性執法的工具，實在諷刺。

至於「上綱為盾」，就是將民眾的抗爭運動定性為「恐怖主義」行為。誠然，在過去的遊行集會中，的確發生過破壞中資商鋪、銀行、以至襲擊反對示威人士和警察的事件，亦有多宗爆炸品發現案。但這些事件與有組織的恐怖主義行為相距甚遠，正如外國的反政府示威有時會出現「打、砸、搶、燒」的暴力行為，但亦不會被國家定性為恐怖主義。執法警隊頭目多次以恐怖主義來形容相關案件，效果就是將抗爭者視為崇尚暴力、試圖無差別襲擊市民的犯罪分子，這在外國往往將政治異見者定性為恐怖分子、再堂而皇之逮捕、施行酷刑和拘留的做法一脈相承；同時，警方以恐怖主義作標籤，就是為應用香港的《反恐條例》鋪路。有別於僅針對被告人的刑事罪行條例，反恐條例賦予保安局局長和警方更大的調查權、搜查權、凍結財產、甚至可以要求第三方人士交出有關資料，為擴大警權打壓異見者作後盾。

第二，警隊「消極配合法治、積極挑釁民主」，成為其面對社會各界要求問責的作風。法治既體現在法庭，也不止於法庭；除了依靠司法機關約束、制衡公權力，法定機構本應能同時發揮監察和刑檢的功能。然而，監察警員操守的投訴警察科是「自己人查自己人」、監警會是只能覆檢、無法起訴的「無牙老虎」，已是不爭的事實，警察當然樂於繼續參與他們視為「行之有效」的監察制度。即使面對法庭，警方也扭盡六壬，避免同袍面對審訊。例如，印尼籍記者 Veby Mega Indah 於二〇一九年九月二十九日採訪期間，被香港警察射中右眼致盲。由於香港警察根本沒有將此事視作當刑事案件處理，她只能透過提出私人起訴來討回公道。然而，按目前法例，事件發生六個月後，私人起訴均會失效；要提出私人檢控，就必須知道涉事警員的姓名，警方一直拒絕提供相關資料，案主在限期前無法得知涉事警員姓名的話，私人起訴只能報銷。筆者多次論述香港法庭並非能主動查案的包青天，只要警方不合作、律政司不作為，司法如何獨立，也無法為上述的記者尋回公義。警察消極配合法治，反過來就是積極不合作，拒絕問責，約束公權的法治能如何走下去？

警察積極挑釁民主，是威權警政對香港極大的衝擊。香港份屬有局部選舉卻無全面民主的威權政體，所謂香港的民主，講的是局部直選能產生代議士、大部分的反對派能參與有競爭選舉，以及民主、自由、人權、法治等核心價值深植人心云云。二〇二一年，中共人大通過新的香港選舉制度，立法會由民選產生議員議席由半數大幅下降到少於四分一，區議會變成唯一由民選議員主導的法定機構。公權力處身於半民主的格局，即使不欲推動民主發展，也應尊重民選代表、接受問責，體現專業的公僕精神。但香港警察對待有人民授權的代議士，態度囂張跋扈，甚至有反民主問責的傾向。在街頭，防暴警員肆意向立法會議員噴發胡椒噴霧、拘捕監察警員執勤的區議員；在立法會議事堂，代表警方的警司輕佻地拒答議員提問、「聊是鬥非」。議員關注警署內隔音設施不足，警司就反問他是否曾親到警隊排隊等見律師，暗示議員亦是被拘捕的嫌犯；議員要求警方提交緊急求救回應率數字，警方的報告竟撇除二〇一九年七月二十一日的數字，還理直氣壯指原因合理。這種間接不合作的態度，在區議會層面就更甚。無論是警方代表離場抗議、駁斥議員指責、還以議員當選票數作為「反擊」的辭令，既無助重建社區警民關係，更加劇警員和民選議員的矛盾——本來應受到監察、向民意代表問責的公僕，反而樂於用權力來制服代議士，要當無民意授權的主人。

警察矮化、對抗民主選舉產生的議員，其實是賤視民主；這種反民主心態的後果，就只會令執法部門的公信力江河日下，支持民主和法治社會的民眾，就會更討厭警察。令人憂慮的是，這種服務威權、無視法治、輕蔑民主的警政作風，倘若延續下去，只會成為香港的政治病毒，蠶食我們單薄的法治與局部的民主制度。

*本文初稿撰於二〇二〇年三月二十四日

原刊於香港《明報》

重組警隊，刻不容緩

反送中逆權運動走到今日，政府拒絕回應其餘四大訴求，縱容警察以暴力執法，令社會大眾更痛恨當前的制度不義和邪惡，要求成立獨立調查委員會和重啟政改以達雙真普選，持續成為社會絕大多數人的訴求。

警察種種濫權濫暴的行徑——尤其是二〇一九年七月廿一日元朗無警時分的恐襲事件，令社會大多數聲音認為事件是「警黑合作」的結果，令「解散警隊」逐漸成為「第六訴求」。中大的民調也明確顯示民意，逾半市民對警隊的信任度是零。[1]其實，香港警察要重挽公眾信心，不再成為「過街老鼠」的話，就只有「砍掉重來」。「解散警隊」其實是「重組警隊」的一個可能的前提。唯有透過獨立調查，方能鑑往知來，提案重組警政警隊。

如果具公信力和專業的法官及社會精英，能夠領導獨立委員會調查反送中運動以來的警暴問題，社會大眾不會不接受。但我們也不應坐以待斃。不管「解散警隊」抑或「重組警隊」，也指向改革警政，刻不容緩。

民調評分只有百分之二十的特首林鄭月娥在電視節目反駁，二〇一九年是警隊成立

[1] 連結：https://bit.ly/3vdThWc。

一百七十五周年，「今日就咁（講）重組警隊，冇乜特別意思，好似係一個口號，而且係賦予佢一個相當負面嘅睇法。」

民間要求重組警隊，絕非無的放矢，也非空喊口號。前港督彭定康領導獨立調查委員會處理北愛爾蘭警政問題的報告就值得參考。[2]此外，前皇家香港警察Martin Purbrick在學術期刊《亞洲事務》（*Asian Affairs*）撰寫〈二〇一九香港示威報告〉一文，也值得借鏡。作者明言，香港政府將反修例運動此一政治問題交由警察動武解決，無法令運動止息。「七二一」元朗恐襲，成為運動矛頭指向香港警察的轉捩點。而且，警方在今日香港——一個富庶和國際社會——沿用一九六七年的半軍事化模式而非社區警政處理今次運動，根本不合時宜，也招來管治者的政治挫敗。[3]

那麼，我們應如何重組警隊，改革警政？至少有六大方向，值得香港社會大眾深思討論：

（一）法律框架：以聯合國《公民及政治權利國際公約》、《禁止酷刑和其他殘忍、不人道或有辱人格的待遇或處罰公約》、《執法人員使用武力和火器的基本原則》等作標準，審視、修訂甚至廢除香港《公安條例》、《緊急情況規定條例》和《警察通例》中和上述國際標準相違的條款，尤其是《公安條例》中賦予警務處處長的權力範圍、「不反對通知書」的制度、非法集結

[2] 參閱本書第一六一頁。

[3] Purbrick, Martin (2019) "A Report Of The 2019 Hong Kong Protests" *Asian Affairs*, Vol. 3. Available at: https://doi.org/10.1080/03068374.2019.1672397

和暴動罪的定義、判罰等等。

（二）高層決策：審視、研訊香港警察在二〇一九年六月到十月期間處理大型示威的策略和使用的武力層級，究竟是為了驅散人群，還是圍捕，抑或以鎮壓為本？至於「七二一」元朗事件，警方高層如何決定、為何決定製造「無警時分」？警務處處長有無委任特務警察，在香港警隊以外招募、調配境外人員加入執勤隊伍？警方高層——包括警務處處長、副處長、後來獲委任的臨時副處長和現場指揮官——要負上幾多責任？

（三）部隊編制：全面檢討和改革警隊目前「半軍事化」的模式。防暴隊、特別戰術小隊（速龍小隊）的編制、訓練、執勤手法，有多大程度上造成濫權、濫暴，令現場被捕者、記者、救護員和途人受傷？在未有調查結果前，速龍小隊應暫停運作，甚至解散，亦能紓解民怨。

（四）警員紀律：調查、研訊執勤警員隱藏委任編號、多番被拍攝到不合理地向現場人士使用過度武力，甚至無差別地蓄意襲擊平民、在拘留所對被捕者的濫權行為，皆應詳細考掘，求證是否同袍習非成是，抑或根本是結構上為高層默許甚至下旨？此外，警員組織如員佐級協會多番發表聲明月旦政治，甚至指斥上司，破壞紀律，又不時收受外間親政府勢力的捐助，以及意圖和商業機構合作為警員提供物質福利，絕對有理由被查辦。

（五）學堂教育：現場警員針對宗教場所、平民、救護員、社工、記者和示威者的行動，其實反映學堂缺乏人權教育、以限制公權為本的法治教育，以及警務人員的專業倫理教育。全面檢討學堂教學內容、學堂師生、長官如何教化學員等等，避免濫權、包庇的歪風蔓延，也是必要。

（六）監督問責：除了要改革現行監警會，以一個獨立的法定監察警察的機構或申訴專員去取代之外，建立社區警政問責制度，例如仿效外國，在社區設民選警長，要其向地區坊眾負責，重建警察和街坊互信。

重組警隊，改革警政，的確刻不容緩。

*本文初稿撰於二〇一九年十月二十日
原刊於香港《立場新聞》

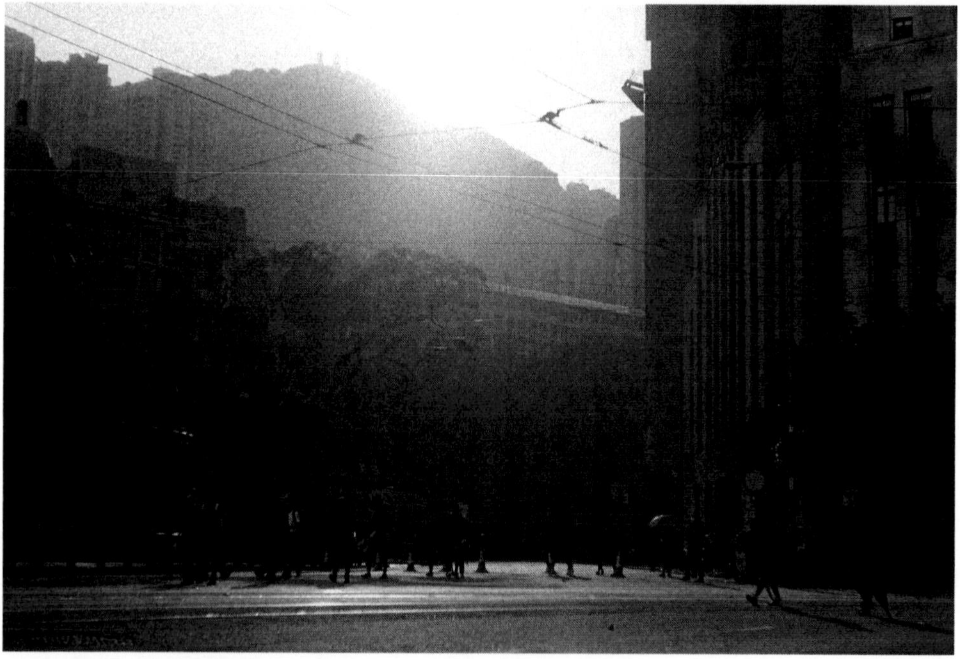

國際視角看逆權運動

海外社運人如何看待香港反送中運動？

二〇一九年，筆者有段時間在外地工作，和來自不同地區的社運人士和人權團體交流對全球社會運動興衰的看法。他們有來自西方自由民主社會，也有遠離家鄉，避開專制政府打壓者，也有和東南亞威權政府周旋數十年的社運老手。他們對二〇一九年香港反送中運動初期的發展軌跡，感到相當鼓舞，亦有獨到觀察，值得在此分享。

第一，毫無疑問，他們認為香港反送中的抗爭，是一個重大的政治勝利。香港朋友也許會覺得詫異：政府對五大訴求置若罔聞，何來勝利？外國朋友有此定論，是因為在他們眼中，香港特區林鄭政府，只是北京的傀儡；香港人的反送中運動，本質上是直接面對威權中國的抗爭；亞洲、非洲以至歐洲諸國面對中國「一帶一路」造成的經濟和政治控制，往往回應消極，甚至噤若寒蟬，香港人有勇氣抵抗中國政權，甚至奮不顧身，成功阻止修例二讀，他們嘖嘖稱奇；再者，在二〇一九年六月十二日立法會外爆發衝突之段，中共政治局常委南下，隨後林鄭政府就宣布暫緩修例，破壞政權的政治盤算，令中國政府在二十國峰會（G20）前後蒙羞，豈不是一大政治勝利？

第二，外國朋友對於運動的國際策略亦有歧見。對外國社運人士來說，美國總統特朗普是一眾政治領袖之中反人權——性別平等、種族平等和環境正義——的佼佼者。香港不少爭取民主自由的抗爭者對特朗普在中美貿易戰的表現中點讚，難免令一些外國朋友感到費解。

外國朋友的疑惑，建基於他們在對社會運動爭取國際支持的進路。他們認為，人權運動要爭取國際社會同情，需要依靠國際法所賦予國家的權利義務，而非僅僅著眼在大國博奕。誠然，中美貿易戰是香港反送中抗爭得以成為國際焦點的原因之一，但一旦中美達成貿易協議，大國博奕的槓桿影響力自然減退。

反過來，一國恪守國際人權法，克盡保護人權的義務，卻是保障國際秩序和平發展的恆律。一個經常破壞國際條約的國家，不單破壞各國互信，更衝擊國際法保障人權的效力。七大工業國集團早前發表聲明，強調《中英聯合聲明》仍然有效且重要，暗示中國應信守之，就是明證。退一步來說，即便是美國民主、共和兩黨聯合支持的《香港人權與民主法案》，當中指涉的人權與民主，內容與原則也不與聯合國的人權公約相違。故此，外國朋友往往認為，與其期待中美貿易戰為香港帶來的抗爭紅利，倒不如積極強調香港逆權運動是出於保護國際人權秩序的抵抗；和中共周旋，是為了促進全球的人權與自由。這個進路，一方面能爭取美國以外支持人權自由的國際、洲際組織和公民社會支持；另一方面亦能與被中國以經濟手段壓迫的發展中國家接軌。始終，逆權運動廁身的夾縫，不是東方與西方之間的鬥爭，而是威權主義和自由主義的對壘。

第三，外國朋友提了一個有趣的建議，是認為運動應集中要求林鄭月娥下台。他們認為，唯有令北京有下台階回應運動訴求，就是要摘走地方官的烏紗帽。畢竟，即使林鄭政府答應五大訴求，公眾一定會質疑政府執行訴求的公信力；何況重啟政改，根本權在北京。外國朋友分析，既然換人換制度不相衝突，香港民眾旨在保住香港的自由、自治和國際獨特地位，而非要透過運動令中國變天，那麼要求北京開除林鄭，讓新特首兌現五大訴求，有何不可？

不過，外國朋友可能忽略了一點：中共在運動高峰撤換官員，等於和抗爭者妥協。專權政府，又豈容自己向人民屈膝？

第四，儘管外國朋友不主張與中國政府正面對決，但也非「見好就收派」。他們與專制政權抗爭經驗豐富，自然明白，一旦運動貿然完結，政權的報復行動一定接踵而來。故此，每位外國朋友都問筆者同一問題：這場運動至今，到底有什麼退場策略？

對抗爭者來說，講退場當然是禁忌：儘管政權無視示威者訴求、警察和黑幫接連向抗爭者甚至平民施暴，運動仍然士氣如虹；加上大量示威者被捕，行將受審，運動未了，談何「退場」？

但筆者和外國朋友討論過後，理解到對方所指的「退場」，並非指「結束」運動，而是指當政權最終鎮壓運動，運動如何轉化而不致潰敗收場。外國朋友的憂慮不無道理。無論是抗爭者或政權，最近常常將「終局之戰」（endgame）掛在口邊。然而，運動一旦遭遇大規模鎮壓，政府必定陸續清算抗爭者和公民社會。故此，如何保持運動優勢和士氣的同時，有能力將運動的戰場轉化到其他場域，避免運動自身「攬炒」，是前線抗爭者以至支持運動的朋友要面對的一大難題。

最終，街頭運動雖然未能撼動政權讓步，但後來運動的能量轉化到黃色經濟圈、新工會運動和區議會的戰場，亦是對外國朋友的一個實質回應。然而，抗爭者對中美角力的態度，仍然是內部張力的根源之一，此中牽涉的不只是策略問題，而是更深層的族群意識和政治信念在運作了。

*本文初稿撰於二〇一九年九月三日

原題〈外地社運人士眼中的逆權運動〉，刊於香港《明報》

自由世界眼中的香港

美國智庫「自由之家」（Freedom House）公佈二〇二〇年《世界自由》年報（*Freedom in the World 2020*，下稱年報），副題為"a leaderless struggle for democracy"。[1]也許香港讀者會譯作「無大台式爭取民主」，但實情領導不必然等於「大台」，在香港的社運語境，「大台」的標籤針對傳統社運及政治精英意圖以權力和資源影響運動，暗示這種中心化的社運領導模式運作封閉又缺乏效率、決策集中亦不民主。但自由之家年報認為爭取民主的運動蛻變為「去領袖」的模式理由並非如此。

年報評核的二百一十個國家或地區（包括香港），當中百分之四十被歸類為「自由」政體；百分之三十二為「局部自由」；百分之二十八為「不自由」。換言之，在年報眼中，自由政體仍然是少數；它們享有的政治權利和公民自由自二〇〇五年起，已連續倒退十四年。年報認為，自由倒退的原因，除了是自由民主國家在國際支持民主的戰線逐漸退場，令威權國家得以坐大，影響周邊國家之外，亦因為民主大國的領袖——例如美國和印度——愈來愈抗拒政治多元主義，不同族裔和宗教少數社群的權利不斷被本國政策和法律侵犯，反映即使是民主國家的領導，已遠離

1 年報全文可參見：https://bit.ly/2QS8Yn5。

捍衛自由的戰線。因此，二〇一九年在世界各地爆發自下而上反抗現有政治制度和追求民主與善治的新公民運動，其「去領導」的基礎，除了基於策略價值，亦源於民主國家領導人推動有違民主的法律和政策，造成民主國家道德敗壞（ethical decay）的光景。

各國的政府行為、制度、法律和政策是否自由，與新公民運動的發展息息相關。年報的研究方法，是讓一群學者及專家，透過評審項目和指標，去量度各國政權是否賦予人民充分的政治權利和公民自由。評審項目包括「選舉過程」、「政治多元與參與」、「政府功能」、「表達與信仰自由」、「結社和組織權利」、「法治」、「個人自主與權利」；每項目以三至四個指標考察該國的政治與法律制度、實況和事件，從而評分，繼而評等該國政體是否「自由」、「局部自由」或「不自由」。

年報得出香港的評分屬於「局部自由」，在上述不少指標之中，僅得最低分數；只有關於信仰自由和社會性自由的題目方得到滿分。香港在「首長選舉是否自由公平」一題上得到零分並不令人意外，但值得注意的，是香港引以為傲的「法治」，四個指標之中，司法獨立因受到北京釋法和抨擊法庭裁決的壓力，四分滿分只有兩分；程序公義和法律平等兩項四分有三分，唯獨是「保障免於受不正當使用武力之害」一項，由過去四分得三分倒退至兩分。[2]年報解釋，二〇一九年香港警察使用過度武力，任意拘留被捕人士，甚至施以酷刑；有非國家人員（Nonstate

[2] 指標提問原句為"Is there protection from the illegitimate use of physical force and freedom from war and insurgencies?"（筆者譯：該地區有無保障人民免受不正當武力、戰爭和動亂之害？）

actors）在遊行期間進行破壞、亦有其他非國家人員在遠離示威現場的地方向民眾施暴後未受制裁，令年報認為香港保安情況惡化。

年報扼要點出的政治現實是，屬香港普通法系統以外的「中國因素」——無論是憲制設計下的釋法，抑或是中共政法委針對高等法院就覆核禁蒙面法裁決的批評，正令法庭飽受壓力；而本來僅是執法、又被賦予公權力殺人的警察，其權力幾近凌駕法律之上，法律制度無法有效約束、究責前者。這一方面是制度問題，政府缺乏有效監督和制衡警權的制度、警隊能夠「自己人查自己人」、律政司由北京政治任命等；另一方面就是政治因素，在上者要「止暴制亂」，在下者便肆無忌憚，防暴警察針對遊行人士、急救員和記者的濫權濫暴行為依舊。當法律制度無法制約公權力時，儘管法律精英仍能以司法制度優越作辯，民眾在日常生活屢見濫用公權的警察，法治對他們來說，又豈會是牢不可破的神話？

香港反送中運動證明了，人民沒有實質政治權利，現有的公民自由岌岌可危。面對北京的法律意識形態攻勢和濫權濫暴卻不受制約的半軍事化警察，香港人篤信的「法治」，其內涵只會流於叫人守法、維護統治者權威的法家式法治或威權法治。

年報對各地民眾運動的前景並不樂觀。年報認為，發生在全球各地如香港、玻利維亞、智利、黎巴嫩等的民眾運動，挑動根深蒂固的既得利益，運動難以為全球的自由帶來實質改善，反而令專制政權以無止的暴力鎮壓運動。自由之家的研究員指出，倘若缺乏成熟民主國家的支持和凝聚力（solidarity），指向自由與改革的抗爭運動只會無以為繼，被威權國家報復而消亡。

法治是香港的國際聲譽的基礎，香港的法治是來自殖民年代建立的普通法系統。儘管香港政府和商界只看重法治對經濟發展的貢獻，但成熟的西方資本主義國家並非如此觀之。個人的政治權利得不到政治和法律制度保障，法治水平實在有限。二〇二一年，美國傳統基金會「經濟自由度指數」首次將香港除名，將評分併入中國內地，原因為認為香港和中國內地城市的分別已經不大。香港的財政司司長在《華爾街日報》撰文，試圖為香港喪失自治「洗底」，反而換來該報編輯直接發文反駁，指香港真正的掌權者是習近平，令財長的文章成為笑柄。政權如果要真誠待人，要做的並不是花數億元讓律政司宣傳法治，而是重新建立被警隊和釋法破壞的人權保障機制，尤其是真普選，讓香港成為經濟自由與政治自由並肩的城市，挽回西方社會對香港法治的信任。

*本文初稿撰於二〇二〇年三月十日

原題〈《世界自由》年報眼中的香港〉，刊於香港《明報》

從黑人同命運動看反送中運動

二〇二〇年，美國爆發席捲西方國家的反種族主義示威，引起全球關注美國根深蒂固、針對黑人的種族不公義，以及警察暴力的結構性問題。美國州政府和聯邦政府當機立斷開始改革警隊、明文禁止向疑犯箍頸；法院亦發出禁制令，要求警察短期內嚴禁使用催淚彈和胡椒噴霧應付和平示威，因為採用上述武力，只會干預示威自由。此外，法國多個城市亦有反種族歧視遊行示威活動，最高行政法院亦裁決示威活動可以在遵守衛生防護措施、事先向當局申請、不威脅公共秩序情況下舉行，蓋因示威權利是基本自由，而法國當前的衛生狀況也不可繼續作禁止示威的理由。

香港人看見外國政府和法院回應示威既及時又進步，只能羨慕，無福消受。輿論界試圖將目前香港和西方國家加以比較，但比較點多側重在針對警隊管理大型示威和使用武力的政策。不過，香港份屬威權政體，要專政者重組警隊、修改武力使用指引，可謂緣木求魚。

更值得比較的，是為何美國反種族運動，牽一髮而動全身，在英、澳、歐均有大批民眾響應示威，但香港的反應卻相當沉靜，只有少數人發起示威聲援「黑人同命」（Black Lives Matter）?事實上，香港種族不公義的問題不亞歐美。早前，香港有一位南亞裔男子被警察制服在地，並以膝壓其頸部數分鐘，最終該男子不治，和全美反歧視浪潮觸發點、非裔男子佛洛伊德遭白人警察壓頸致死案的背景相近。然而，此案在港卻迴響寥寥。

一個外在的原因，可能是香港日常的種族主義太根深蒂固。來自東南亞國家的外籍家務工，在香港的法定最低工資遠低於本地人標準，這套雙重標準的政策，不單是工種歧視，更是假借合約精神來剝削東南亞裔家務工的種族不公義；而且，香港多年來有個別媒體持續將南亞裔及非裔人士扣上「假難民」的標籤，其實是直接歧視少數族裔。不過，有不少在港土生土長的少數族裔參與反送中運動，他們也是「手足」。二〇一九年一次九龍大遊行，少數族裔在重慶大廈外派發食水支持運動；警察向清真寺噴射顏色水亦激起公憤。所以，儘管香港存在種族不公多時，但香港抗爭對少數族群並無冷漠或歧視的態度。

另一個外在的原因，也可以和反送中運動對美國政府取態有關。親中媒體多指斥反送中運動靠攏特朗普的反華政策，而特朗普管治本身相當歧視美國的少數族群和移民。的確，反送中運動社群之中，不少是特朗普、蓬佩奧甚至極右國師班農的支持者；但事實上，支持多元和族群平等的美國民主黨亦高調支持黑人運動；而國際戰線亦非以美國為本位，故這種因「親侵（編案：「特朗普」以粵語發音音近「侵」）反華」而漠視反種族運動的原因實在站不住腳。

那麼，我們可以如何解讀這個香港運動接不上國際焦點的局面？我大膽認為，香港反送中運動現實主義掛帥的國際策略，或多或少造成這種「失語」。即使是「攬炒」的論述，歸根究底也是「借東風」，承接中美貿易戰和中國銳實力威脅全球自由民主的背景，來促使各國政府向中共施壓甚至制裁。故此，反送中運動爭取國際支持的對象，就集中在各國政要；但各國政要恰恰是反種族運動針對和批判的對象。國際戰線並未聚焦在建立和外國民間社會——例如工會、人權組織、社運聯盟、教會——的連結，一方面可能是由於這些連結未必能短時間創造實質的政治機會，另一方面也可能是因為外地民間組織偏向左翼的意識型態缺乏吸引力；而外國個別左翼團體和評論指斥香港社運靠攏右翼排華，亦難免惹來部份抗爭者不信任和「離地」的質疑。

反送中運動借力打力制衡中共的策略，固然強化了自由社會與威權國家對立的框架，有利爭取各地支持自由民主人士的同情和團結。但這個二元框架，其實可以更豐富。例如，香港人之所以要抵抗威權，不僅是因為擔心被「新疆化」，也是因為我們關心和支持種族正義。除了全球共知、消滅維吾爾族人文化語言的新疆再教育營外，中共將主流漢族和五十多個少數民族單一化的「中華民族偉大復興」論述，其實也抹去了中國境內民族共處的多元性，間接令少數種族「滅聲」；近年「一帶一路」的工程，多被揭發非洲當地人無法在中國投資的產業擔任領導角色，華商亦在當地壟斷人事、技術，甚至剝削勞工權益，儼如新殖民者。二〇一八年中國中央電視台的春晚節目要非裔人士飾演猴子、二〇二一年又讓表演者臉塗黑飾演非裔人士，都被炮轟歧視。中共的文宣、內部管治和外事均突顯排外意識，是一個歧視少數族群、強化種族不公義的政權。這種一元管治、消滅多元的管治手段，正正和自由民主相違。

反送中運動終究是一場突顯香港人尊嚴和犧牲精神的運動。多少人為了爭取五大訴求而受傷、入獄、甚至失去性命。既然反送中運動和反種族主義運動皆是為了在制度不公義下重奪人性尊嚴，單靠互相學習抗爭手段並不足夠。我們要「道器兼備」，就要在抗爭意識上與反種族主義示威同步。

抗爭意識不是口號，而是講求深度。例如，我們能否花時間去了解美國種族不公義的歷史根源？我們會否探討香港的種族不公義，已經滲透到什麼制度設計和日常生活？進一步而言，反送中運動既然和美國的黑人同命運動一樣反對警察暴力、支持重組警隊，是否大家都是命運共同體？我們要重建香港，其實是要一個怎樣的香港？是一個如中共般「大漢族主義」的同質社群，還是一個能保存種族多元和文化多樣性的香港人社群？我們如何去論述香港的政治不公義，確實製造了更大的種族不公義？香港人和其他飽受警暴和專制政權迫害的社群，能否成為命運共同體？

反送中運動是一場去中心化的運動，亦不必然要依靠某一個軸心來維持其生命力。畢竟，僅僅將運動的國際視野置於大國政治，對外國關心受壓迫和不公義的民眾來說，可能會視為另一種「離地」。

*本文初稿撰於二〇二〇年六月十五日

原題〈反送中運動與反種族主義〉，刊於香港《明報》

反抗
REVOLT
殺人政權

政權的國安反擊戰

想像一對同意一夫一妻不可越軌而結婚的伴侶，其中一方婚後接連出軌，死不改悔，一步一步踐踏伴侶底線；伴侶提出離婚，卻面對家暴的威脅，向外求救，反被指斥是「圖謀出軌」。無論這對伴侶最終結果如何，都不能用相對主義的套路去指斥雙方都有責任。難道你可以說因為雙方關係出現問題，另一方就有權出軌，破壞早前一夫一妻不可越軌的承諾？

我明白上述例子可能會開罪部份對一夫一妻制本身存有批判的朋友，但這個華人社會常見悲劇婚姻的例子，皆是中港關係的寫照。當然，中國從未迎娶香港，充其量只是納妾：香港的前途問題，從來都只有中、英雙方「話事」。既然中國與香港從來不存在平等戀愛，只是中英之命、媒妁之言，香港就成為了滿足中國慾望的妾侍。說是妾侍，可能已經抬舉了這段關係。

我也明白這個說法好像貶抑了當年爭取一國兩制、策略上為香港保存「最大利益」的前輩，但事實是他們當年也沒有其他可能的選擇。而「香港只是由英宗主國易手到中宗主國」的論述，無論用比較殖民統治角度，抑或比較中國歷史裡中央管治邊陲的角度來看，也是確切的評價。

國安法風暴下，仍然要向前走

二〇二〇年五月，中國人大宣布為直接為香港訂立國家安全法，震驚香港以至國際社會。人大為港立法，表面上是維護國家安全，實則是對反送中運動的大反撲。立法遠在北京，又有新冠肺炎肆虐，香港人無法在街頭還擊，日後還可以如何面對專制的法治？

雨傘運動未竟全功，之後輿論界反覆論述香港進入社運疲勞、傘後抑鬱的階段。學理點講，是社會運動進入休止期（movement abeyance），到反送中運動爆發，才結束上一階段的抗爭循環。既然如此，我們也可以預期，國安法後，前線運動亦會步入另一輪的休止狀態。但這並不是說，運動已然結束、甚至失敗收場。

我們香港人沒有懷憂喪志的本錢。目前的形勢，其實是賺了。難道二〇一九年擋不住送中惡法，中共就不會立廿三條？二〇一九年送中惡法若是通過了，中共的法律長臂伸到香港，和國安法比較，可能只是執行程度的差別。反過來，沒有反送中，沒有國際連結、黃色經濟圈和新工會運動，香港人會空前團結，迫得政權來和香港人「攬炒」？今日的局面，其實正反映反送中運動的成果。

我們也不要有回到過去的幻想了。自稱中間路線的派系領袖出來說要「力挽狂瀾」，最終只會叫人接受現實，在妥協投降之後，才去討論社會制度如何能夠達致分配公義。

我們也不要幻想可以回到過去爭取民主的方式，就是能夠安逸上街表態的「溫室抗爭」。毛澤東說過：「革命不是請客吃飯」，看看南韓、東歐、臺灣、南美等地，民主化之前，人民只能飽受極其殘酷的專政。但我們要慶幸，香港也回不了過去純粹的殖民統治，經濟全球化和全球公民社會的發展，難以回到過去宗主國「關門打仔」的管治模式。

我們也不要過度反應。敵人張牙舞爪，你急於反撲，其實正中對手下懷。處之泰然，如常生活，做好期望管理就好。中國內地的維權人士和地下教會長年奮力抵抗，我們又何足懼之？

二〇一九年六月的香港有二百萬人上街，不是認為遊行可以推倒惡法，而是出於志氣不可滅、手足不可棄、死者不可忘的信念。反修例運動終需是香港民主運動的一部分。過去為信念、為恐共而爭取民主；今日為已犧牲性命和自由的手足重奪平等的尊嚴。對我們每一個人來說，爭取民主，抵抗暴政的「含金量」重多了。

當然，我們仍要為糊口和個人志向而生活。但學習生活，就是學習在鉅變之中，仍然不改初衷和堅守陣地，同時愛護身邊人。

我們只有「攬」住彼此、抱緊自由的信念，才有可能「炒」起為奴的思想和吃人的制度。

在這世界大變時代，我們無論身處香港或海外，都要革新自我，日新又新，放棄舊有的死命，準備和香港浴火重生。

無論是身土不二，抑或走遍天涯的香港人們，讓我們深呼吸一下、兩下、三下，就繼續走下去。

*本文初稿撰於二〇二〇年五月二十二日
原題〈不懷憂喪志　繼續向前走〉，刊於香港《立場新聞》

國安法的例外狀態

人大通過訂立港版國安法的決定，成為香港自主權移交以來的最大危機：它不單直接移植中共的政法制度到香港，亦打破了註冊於聯合國、本質為國際條約的《中英聯合聲明》保障香港高度自治的承諾，以泰山壓頂之勢，直接改變中港關係和中國對外關係。[1]時任美國總統特朗普隨即高調宣布中方所作所為，令香港頓變「一國一制」，決定展開制裁行動，令港版國安法成為中美關係決裂的最後一根稻草。

雖然聯合國《公民及政治權利國際公約》在保障表達自由的同時，明文表示限制言論自由的條件之一是「保障國家安全」；但聯合國就該公約的一般性意見亦指出，當局必須證明上述限制是必要和合乎比例。[2]國際社會公認的《約翰內斯堡原則》亦強調，和平行使表達自由不應視為威脅國家安全，亦不應受到任何限制和懲罰，例如提倡以非暴力手段改變政府政策或更換政府、批評或侮辱無論本國外國或其象徵、政府、政府機構或官員等等，皆屬和平表達自由之列。[3]換言之，以言入罪，並非國際人權標準所容許。

1 決定全文可參考：https://bit.ly/2QOAlyp。
2 參考《公民及政治權利國際公約》第十九條。
3 《約翰內斯堡原則》第七條。

但中共在歷史之中，往往視和平表態或公開發表異見為「蠱惑人心」，威脅國家安全。政權繼而透過阻嚇性刑罰來使人民噤聲。魏京生、劉曉波、王全璋和王怡牧師被以言入罪，正好告訴我們維護中共國家安全的代價。前律政司司長梁愛詩更直言，撰寫《零八憲章》、建議中國改變單一政體的劉曉波，嘗試組織一群人推翻國家體制，不單純是學術討論，而是行動的一種。這正是預先劃出紅線：原來邀請人一同天馬行空地提出未來願景，已經是顛覆國家政權。現任律政司司長鄭若驊亦不諱言，儘管刑法為了符合人權法和國際慣例，一般沒有追溯力，但「任何事都有例外」。香港人批判政權，被以言入罪的機會愈來愈高。

鄭若驊的「例外論」，正好告訴香港人，港版國安法的本質，和英殖遺物緊急法異曲同工，就是為了打破香港現有的制度規範，製造一個例外狀態；港版國安法規定「中央人民政府維護國家安全的有關機關根據需要在香港特別行政區設立機構，依法履行維護國家安全相關職責」，意即植入中國內地的國安機關到香港。中央駐港國安機構，香港本地司法機關能有多大的權限和意志去作制衡？

港版國安法，就是落實二〇一四年中共國務院白皮書「全面管治權」的終極武器。當年法律界和民間社會反對白皮書描述法官為治港者一員、要求法官愛國；中共今天的回應，就是可以直取香港的司法管轄權。當中共決定直接設立國安機構在港執法，它如何和本地以普通法為基礎、執法、檢控和司法程序一氣呵成的法律制度並行不悖？最有可能的結果，是中共同時另設審訊機構處理港版國安法的案件，無論這機構從屬本地司法機構抑或獨立於本地司法機構之外，基於國安法由人大常委立法，人大再一次直接衝擊香港的司法獨立。也許中共終會容許本地司法機構直接審理涉及人大港版國安法的案件，但若如此，本地法院自然以普通法原則審理，那由人大加諸國安法到香港，對中共而言又有何用？（目前的國安法案件有「指定法官」，這算是特色之一嗎？）

中共人大二〇一五年通過的《中華人民共和國國家安全法》，第二條定義國家安全為「國家政權、主權、統一和領土完整、人民福祉、經濟社會可持續發展和國家其他重大利益相對處於沒有危險和不受內外威脅的狀態，以及保障持續安全狀態的能力」；第三條進一步指國家安全工作應「以人民安全為宗旨，以政治安全為根本，以經濟安全為基礎，以軍事、文化、社會安全為保障，以促進國際安全為依託，維護各領域國家安全，構建國家安全體系，走中國特色國家安全道路。」在中共眼中，國家安全無所不包，國安就是一切。當中央駐港國安機構「依法履行維護國家安全相關職責」，其國家安全觀念如何能不延伸至香港的經濟、金融、文化、社會、以至對外層面？

讀者可能會問，事已至此，香港人無力回天，只能「硬食」，與其糾纏批判，何不接受現實？然而，而對極權，仍然敢於批判，不止是對政權的抗爭，也是對於極權陰影下易於滋生的犬儒心態的一種抵抗。筆者多年前在英國唸人權法時，教授極力抨擊當時的國際人權機構無法令違反人權公約的國家付出代價，有一名學生舉手，提問大意如下：「教授，你一味批判，卻無法提出有效的改革之道，那你的批判，何來建設性？」

教授道：「如果每次要先想好有建設性的改革方能提出批判，只會削弱批評者的思考空間，他們的創意思考、批判的深度和力度，也會相應減少。何況未能想到如何改革，也不等於問題消失了；作為批評家，批判法律和制度的目的，就是為了批判。」

教授的回應，令我畢生受用。一個批評家在功利和思維單一的社會，對現有制度提出疑問甚至異議，往往被人指責為「有批評無建設」、「得個罵字」，即使提出天馬行空的解決之道，也會被人譏笑作天真和離地。但指責批評家的人不會想到，深刻批判現象，其實是刺激人的思維，鍛煉主觀意志和獨立思考的良藥。

筆者二〇一九年時估計，即使修訂逃犯條例獲議會通過、即使香港變成一個普通的中國城市，香港人只會「繼續勇敢、堅韌地散發求真、守望和自由的能量」。結果是二〇一九年六月以來的反修例逆權運動，我們看到香港人不放棄的主觀意志和創意十足的行動力，撼動政權，震驚世界。維持這份意志和行動力的，除了是手足情深，更多是知己知彼，在博奕的過程不斷自我批判和學習，方能抵抗至今。

昨天如何，今日亦然，讓我們繼續在國安法壓境的黑夜，仍然堅持燭照人心，作香港的批判之光。

*本文初稿撰於二〇二〇年六月二日

原題〈威權幽暗 批判亮光〉，刊於香港《明報》

國安法臨下，重讀哈維爾

一九七八年，捷克前總統、時為異見分子的哈維爾，發表〈無權勢者的力量〉（The Power of the Powerless），當中講述一個賣菜大叔的故事。

有一天，大叔在菜店的窗櫥掛起一幅寫著「全世界工人階級，團結起來！」的標語。大叔是否真誠相信這句語出馬克思《共產黨宣言》的口號呢？哈維爾解釋，大叔之所以掛上標語，「只因為他多年來都這樣做，人人都這樣做，以及他一定要這樣做。如果他不做，就會有麻煩。」[1]

《暴政》（*On Tyranny*）一書的作者Timothy Snyder在此下了一個註腳：「當其他人也學他（賣菜大叔），一個接著一個在窗邊豎起標語，整個公共場域便佈滿向政府輸誠的標記，反抗便成為不可想像之事」[2]

之後，哈維爾詳細描述賣菜大叔的心理狀態：

「賣菜大叔那句口號的真正意義和口號的本文怎樣說並沒有關係。雖然如此，它的真正意義是很清楚易明的，因為那表達的方式實乃司空見慣：賣菜大叔要以政權可以聽到的方式去表白自

---

1 羅永生譯（一九九二）〈無權勢者的力量〉載於《哈維爾選集》，基進出版社，第六十五頁。

2 提摩希・史奈德著、劉維人譯（二〇一九）《暴政：掌控關鍵年代的獨裁風到，洞悉時代之惡的二十堂課》，聯經出版社，第六十一頁。

己的忠順，那就是接受規定下來的儀式，接受將假象當作真實，接受遊戲規則。但是，他在這樣做的時候，自己也變成遊戲中的一員，使遊戲能夠得以存在」[3]

哈維爾筆下的賣菜大叔，並不忠於「全世界工人階級，團結起來！」的信念，展示標語只是為求自保的生存之道。用我們熟悉的語言，就是「典型的香港仔」：現實掛帥、避免得罪權貴、「講大話？搵食啫」。唯有人人以謊言表忠，才能令這場說謊的遊戲延續下去，「創造」有利賣菜大叔的營商環境，令他生活得「行穩致遠」。

哈維爾觀察當年以社會主義為名、行極權主義為實的捷克，是否今日香港的先聲？特區政府和建制集團為港區國安法大張旗鼓、鳴鑼開道，香港社會賢達和華資外資紛紛表態，支持一部到通過後才公布所有條文的國家安全法；也許他們深諳國家安全法並非保障國民生活安定繁榮的金湯，而是維持政權安全的良藥；既然如此，又何必捨本逐末，浪費時間地爭拗魔鬼細節？

香港二〇一九年的反送中運動、以至各種由警察或民眾引起的暴力事件，的確令部分人民的人身及財物安全受到傷害；但香港現行刑事條例，其實已足以應對，不然警察以殖民遺法《公安條例》拘捕超過一萬名香港市民、律政司又檢控過千人，難道現有法例的刑罰皆是「無牙老虎」？

3 羅永生譯（一九九二），第六十九頁。

國安法針對的，絕不止於干犯《公安條例》的香港人，而是四類眼中釘；這四類眼中釘威脅的，其實是中國共產黨執政的權力和權威。

第一類人，是掌握中共領導層和黨內權鬥資訊而避走香港的權貴。本來去年修訂逃犯條例，正好將這類人以公開、依法的程序引渡回內地受審，但反送中運動就令這如意算盤落空。港版國安法下，香港將成立駐港國安公署，中央在香港又獲得若干司法管轄權，等於修訂逃犯條例的威力加強版，自然有效震懾這些與中央領導人對著幹的貴人。

第二類人，是特區政府的官員。現屆政府不少官員親屬均持有外國護照和外國國籍，子女又在外國讀書，倘若舉家意志不堅定，隨時被外國政府軟硬兼施地利用，怎會不威脅政權的安全？例如，香港的教育局局長楊潤雄和香港親中派大老、中共全國人大常委譚耀宗，就被媒體揭發其子女均居於澳洲，譚耀宗的兒子更已成為澳洲公民。[4]即便是民間民調，無論是親民主派或建制派的受訪者，均過半支持特首和司局長的配偶及子女放棄外國國籍，以示對中央政治忠誠，便可知香港的主流民意，一針見血指出國安短板所在。

第三類人，是有能力把握國際大局，因勢利導，刺痛中央要害的香港人。中國力行「金錢外交」，透過捐助國際組織、發展一帶一路、與西方國家以經貿打交道，以經濟實力延伸影響力到

4 眾新聞，〈《澳洲人報》：澳政府應對申居留權港人進行政治審查〉，二〇二〇年七月十三日。連結：https://bit.ly/3dPHyHI。

外國政治及文化的做法已經到了瓶頸。當中國以為西方國家重經貿多於人文價值，其實是反映中國政權自身的價值仍然是以發大財為先。是以當美國提起經濟和金融制裁，中國政府立馬以辭令駁火，但實質經濟反制措施欠奉。在大國角力的夾縫之中，不少香港人紛紛呼籲各國要負起國際人權義務，關注香港，要中國作一個負責任和有良心的國際經貿夥伴，自然令中共惱羞成怒。可以說，是香港人的環球視野和在國際社會廣交朋友的才華，迫得中共要打壓到底。

最後一類人，就是大部分有自主思想和勇氣去抵抗極權的香港人。中共領導層深知一部國安法，絕不會令人心回歸；所謂二次回歸，其實是要香港人懂得在政權之下以謊言過活。當人人成為賣菜大叔，要公開表態認同訂立國安法，哪管你是否真誠擁護，就能「團結大多數，打擊一小撮」。看看國安法一通過後的幾個星期，報章接連刊出支持廣告，下款是一群某某學校校友，論述和聯署名單欠奉，和賣菜大叔的標語異曲同工。至於金融才俊抑或宗教領袖，也加入賣菜大叔的行列，例如天主教香港教區宗座署理湯漢樞機表示「理解訂立國安法」，打倒教會十七年前反對基本法廿三條（國家安全）本地立法的立場。在這種政治氛圍下，說了千萬遍的謊言可以作假成真，民眾被迫接受這套新語言、新規則，磨蝕自主人格和抵抗的能耐，手法其實和殖民者劃地為王、重構社會權力規範、強制當地人歸順的套路相同。

人大通過港版國安法，毫無疑問，是對大多數擁抱自由、法治、人權和民主的香港人的一記重擊；香港社會亦勢起另一股移民潮。哈維爾在〈無權勢者的力量〉指出，要對抗極權，最重要是有勇氣求真，活得光明磊落。該文發表後十多年，柏林圍牆倒下，冷戰方能結束。前路茫茫，香港人無論身處我城他鄉，能否在謊言和強權泛濫之下活出真我？

*本文初稿撰於二〇二〇年六月三十日

原題〈國安法將至，重讀哈維爾〉，刊於香港《明報》

國安法下，民主派總辭議會後何處去？

人大的「港版國安法」通過一個月後，香港特區選舉主任宣布十二名民主派參選立法會選舉的人士提名無效，剝奪他們的參選權；特區政府隨即宣布因應新冠肺炎疫情而押後立法會選舉一年。人大為了支持特區政府的違憲決定，就通過延長上屆立法會的任期不少於一年，等於臺灣當年的「萬年國會」。上屆大部份泛民主派議員本來選擇留在延長任期的議會繼續抗爭，

但到了二〇二〇年十一月十一日，人大再次作出「決定」，凡香港立法會議員有宣揚或者支持「港獨」主張、或具有其他危害中國國家安全等行為，一經依法認定，即時喪失議員資格。特區政府隨即公告四名民主派議員——楊岳橋、郭榮鏗、郭家麒以及梁繼昌——即時喪失議員資格，全體泛民主派議員翌日宣布「總辭」，退還人大恩賜的委任議席，以示對人大常委授權特區政府「DQ」四位泛民議員的抗議。

依法行事，不等於符合公義。民主化理論一直強調，衡量制度是否民主，不止關乎選舉是否一人一票，還要有實質意義的競爭，即容許反對派參選競逐政治權力。香港從未出現過有意義競爭的民主制度：真正把握權力的行政首長是由小圈子選舉產生；立法會只容許部分的民主派參選；部分民主派即使在選舉得到過半數選民投票授權，但在功能組別制度下仍然是少數，分組點票的設計令民主派的議案往往比更少數民意授權的建制派否決；即使民主派有能力和策略在現有

制度爭取議會席位過半，政權也能砌辭取消選舉，其間用盡現有法例去懲治議員、恫嚇有志參選之士。

該次泛民總辭，對國際社會而言，是一個重要警示：就是香港的反對派，不再參與無實質競爭和制衡權力的立法部門，香港的立法會，將會成為國際公認的橡皮圖章；留在議會裏繼續接受委任的四十多個「議員」，將會被各界視為一個助紂為虐的整體，無分軒輊。

可能對不少泛民支持者來說，總辭是吐了一口烏氣。看看建制派議員氣急敗壞，寧願延遲開立法會財委會也要開記招去批評泛民總辭。用他們的語言，就是浪費納稅人的金錢不開會去搞政治；捨不得對手離開擂台，不想唱獨腳戲又不敢挽留對方，相當滑稽。

不過，泛民總辭並非為了引看官對橡皮圖章發笑；總辭之舉也不浪漫。因為，總辭者會被政權報復的可能性極高。至少七位前泛民議員面臨「藐視立法會」等罪名的審判；被「DQ」的四位議員，以至其他議員，會否被政權以《國安法》或違反誓言來拘捕，當時也是未知之數。總辭會否增加民主運動的抗爭熱度，甚至令運動進一步激進化，端視乎總辭者及其政團對議會的態度。

二〇二〇年，研究國家內戰的學者Micha Germann和Nicholas Sambanis試圖解答一個學術問題：究竟在什麼情況之下，非暴力抗爭會升級為暴力衝突甚至內戰？他們以種族矛盾催生的自決運動和分離主義運動為例，借用「自決運動」（Self-determination movements, SDM）和「種族權力關係」（Ethnic Power Relations, EPR）兩組數據為基礎，分析一九四五年到二〇一二年、一百二十個國家內發生的自決運動，查考「政治排拒」（political exclusion）和「喪失土地自主」（lost autonomy）這兩個往往被認為是製造種族不滿的來源，對暴力升級有何重要性。[1]

所謂「政治排拒」，是指某種族被排拒參加政權的管治聯盟，令聯盟缺乏能實質代表該族群的成員（meaningful representation）；至於「喪失土地自主」，是指某族群自主管理的土地（territorial self-rule）比過往縮窄。兩位學者發現，政治排拒的因素，雖然和自決運動升級到暴力衝突的關聯性強（robust association），但政治排拒和發動非暴力自決運動的關係就較弱。換句話說，一個種族被政權排拒出建制，不等於他們會發動波瀾壯闊的分離運動。兩位學者認為，一個可能的原因，是種族成員可以選擇爭取回到體制和權力核心，重拾在執政聯盟中的位置（mobilizing for inclusion），減少主流派系壟斷政治和經濟力量；故被排拒的種族，尤其對於曾參與體制的人士來說，往往會選擇重回體制多於發動體制外抗爭。但喪失土地自主的族群就不同了：要重奪被剝奪的土地，發動非暴力自決運動的誘因比參與建制更大。

不過，兩位學者並無完全排除政治排拒對暴力升級的影響。政治排拒不單減少了參與政治體制的路徑，更削弱了以非暴力方式去表達不滿的機會。當以非暴力路徑處理糾紛的政治機會愈來愈有限，國家爆發政治衝突甚至內戰的可能性就會增加。

兩位學者的分析，當然並非完全對應香港的政局。香港主流的民主運動並非自決運動，即使

---

[1] Germann, Micha and Nicholas Sambanis (2020), "Political Exclusion, Lost Autonomy, and Escalating Conflict over Self-Determination" *International Organization*, pp.1-26 . Doi: 10.1017/S0020818320000557.

香港社會愈來愈強調香港人身分，不等於香港人自視為一個種族。現有的民調研究亦多次反映，香港人參與反修例運動的動機最主要是來自修例和警暴；運動的「五大訴求」，也只是要求政府問責、彰顯法治和推進民主，在目前香港的憲制框架內可行；除了備受爭議的一地兩檢安排被輿論形容為「割地」之外，香港特區的版圖，並未出現根本的變化。

不過，香港的確存在以政見來區分的政治排拒；香港政府和公民社會的自治程度亦不斷減退——教育界、新聞界不斷受到親中媒體攻擊，甚至有教師和記者被政權以法律手段報復和吊銷牌照，震懾作用顯著。

如果泛民總辭之後，仍然是盤算如何扭轉政治排拒的局面，爭取重回香港政治體制之一的立法會的話，那麼總辭就難以令抗爭升溫，因為這個思路，仍然局限在奪取議席，容易由爭取民眾支持，轉變為爭取政權寬大，容許泛民可以重回議會。畢竟，總辭議員及其梯隊能否再參選，始終掌握在政權手上。用另一個角度，政權如果選擇減低鎮壓成本的路徑，就會千方百計去遊說泛民議員，總之為資源又好、為修補撕裂又好，回心轉意，繼續參選，營造假競爭、偽多元的議會政治。不過，當政權要在政治上誅除異己、趕狗入窮巷的話，暴力衝突的可能性就會更高。而局勢可見，政權似乎選擇了後者。

倘若泛民總辭後的運動方向，是強調香港自治全面倒退、委身投入公民社會的抵抗運動，而非只著緊在議席之爭的話，那麼民主運動的抗爭旗幟就會更加鮮明，反正「忠誠反對派」的角色，可以交由自號「中間派」人士來扮演。泛民主派，實在用不著不碰這趟渾水。

對不少香港人來說，九七後香港政權的認受性，最主要是來自「馬照跑、舞照跳」、容許反對派參與政治體制，以及對民主普選的期許。如今這三個認受性來源均已告終，泛民在民主運動的位置，要走向哪一條路徑去面對政權、要負上多少政治和司法代價，的確不是一個浪漫的選擇。

*本文初稿撰於二〇二〇年十一月十六日

原題〈總辭後的抗爭路徑不浪漫〉，刊於香港《明報》

「左翼」在逆權運動的危與機

反送中運動令「左翼失語」？

二〇一九年爆發的香港反送中運動，的確是全球群眾運動的一場「時代革命」：運動「無大台、跨平台」的肌理、示威現場戰略和戰術的多樣、運動長時間持續的韌力和超越國界的動員等等，突破了過去十年以至數十年來全球各地反威權運動的形態，亦鼓勵了其他國家的抗爭者爭相效仿：智利、伊拉克、西班牙、美國、白羅斯、泰國甚至緬甸的反威權／反警暴的示威場面，總會看到香港反抗運動的影子。

不過，反送中運動同時折射了一種現象，對香港以至標榜「工人無祖國」的左翼運動相當尷尬，我姑且稱為「左翼失語」——左翼論述和視野在反送中運動期間，不是位處邊緣掙扎，就是保持沉默。

香港過去的社會運動，主要由傳統學生組織、工會和民間團體帶動，它們的價值系統側重公平正義和社會資源再分配，有強烈反新自由主義傾向。它們眼中的「本土運動」——強調香港人身分、抗拒中國內地新移民、甚至批判左翼社運組織者為「左膠」、追求香港放棄「建設民主中國」——其實是挑戰傳統社運的「異路人」。

反送中運動強調「不分化」、「不割蓆」、「和勇不分」、「兄弟爬山、各自努力」等行動口號或綱領，表面上暫擱過去運動路線的「左」、「右」之爭，但實情是運動論述和形式的動態，進一步將左翼運動推進末流。我綜觀由二〇一九年六月九日第一次百萬人反送中遊行以至二〇二〇年中共落實港版國安法前的軌跡，不難發現，坊間至少有四套在運動期間流行的「左翼」論述，但它們都未曾成為主流，此話何解？

四種左翼論述的盈與虧

第一套左翼論述扣連全球霸權論，認為反送中運動本質是世界霸權的角力，故此高舉普世價值的反送中運動，不應偏親任何一方霸權。反送中運動爆發成世界焦點，美國、英國、日本和歐洲自由民主國家領袖先後發聲，甚至以聯合公報的方式表達關注、要求中國切實履行一國兩制等等；當時的美國總統特朗普更多次表示將香港問題和中美貿易戰掛勾，令部分抗爭者認為要迫使中共妥協，靠攏甚至讚揚特朗普是一條出路。運動中期，示威現場出現美國國旗，後來更有報章高調在頭版要求讀者向特朗普求救、反對今年中共強加香港的國家安全法，正是親美反中的例子。

對左翼來說，當然難以理解親美反中的策略：拉美、臺灣、韓國的歷史經驗，正說明美國政府只會支持獨裁軍政以保障自身利益的政權啊！何況特朗普在保障人權方面劣跡斑斑，在本國被視為反對民主、只重實利的「商家佬」，叫人如何相信他會為香港的民主自由而「制中」？但反送中運動不避開單邊主義，在需要「美帝」的時候大談左翼的「反美」，不單是自討沒趣，更可能違反「不割蓆」的運動信條。

第二種左翼論述，嘗試回到傳統左翼重視弱勢平權，尤其是促進階級、性別和種族平等的議程；但這套語言，最終竟成為「群眾鬥群眾」的論爭，原因在於這套論述，針對的不是國家機器如何向抗爭者施以性暴力、將抗爭者非人化如「曱甴」，而是針對運動內部忽略性別平等和種族平等的印象，其中一個描繪運動非常父權和排外經典案例就是「光榮冰室」事件。事件源於二〇二〇年初，香港爆發新冠肺炎，在反送中運動期間高調支持示威者的黃店啖光榮冰室，其飲食集團在臉書專頁帖文指「即日起，光榮飲食只招待香港人，落單時只限粵話及英語。一概普通話，暫不招待。更新：歡迎臺灣朋友#你唔封關我封鋪」，表示對特區政府拒絕因應疫情對中國內地人士來港封關的抗議。其帖文引起一名大學講師注意，她先和丈夫在國際醫學雜誌《刺針》撰文，暗示光榮冰室不招待臺灣以外的普通話食客有歧視中國內地人之嫌；後來她又和幾位俗稱「港漂」的居港中國大陸人到冰室以普通話點餐，更嘗試與店主「尋找對話的可能」，惜無功而還。該講師後來撰文解釋其行動；反而惹來更多批評，認為她是向支持手足的黃店「放蛇」來分化運動、以自己的講師地位去壓迫冰室的基層員工、其做法沒有創造真誠對話的態度等等。

後來，光榮冰室收到平等機會委員會電話警告、平機會主席更撰文指光榮冰室之舉有可能涉及殘疾歧視和種種歧視，令講師的行動被視為和官方打壓「黃店」如出一轍。此外，民主黨成員蔡耀昌，當時曾以香港社區組織協會幹事的身份會見朱敏健，促請平機會調查光榮冰室事件、要政府修訂現行法例，將歧視大陸來港新移民或大陸人納入「種族歧視」範圍。蔡的言論旋即引起黨內至少六十三名區議員及社區主任不滿，更發起聯署指「蔡耀昌不代表我」，最終蔡在翌日向該黨中委會主動提出辭任黨內全部職務。左翼運動常見的「反歧視」論述，不單被官方法定機構挪用，甚至為傳統民主派成員不齒，令「左翼」和「左膠」繼續成為參與運動的「禁忌」。

第三種「左翼論述」，其實相當含蓄，含蓄到沒有人理會是「左翼」的論述。反送中運動掀起「黃色經濟圈」的抗爭模式，鼓勵市民到支持抗爭者、甚至聘用「手足」的商店及餐廳消費，並延伸到網購和運輸等服務行業，直接或間接撐起持續抗爭的資源，同時杯葛親中集團的商戶。這種「政治消費主義」（political consumerism），其實是典型的良心消費模式，只是今次的良心，不是公平貿易和環保，而是支持抗爭的政治信念。過去香港的左翼運動，也強調支持小店抵抗大財團的消費模式，反對領展壟斷公屋商場就是顯例。「黃色經濟圈」本身也可以充滿左翼的色彩：對抗中國資本霸權，支持強調自主、類似社區經濟的經營模式；但現實是鮮有人提出在運動中強調這反對市場至上和資本壟斷的視野。究竟原因，是今次的政治消費運動，本身就不以對抗資本霸權為綱：支持黃店的動機，多和撐手足、撐抗爭的身分認同有關，也源於對商店身體力行響應「罷市」的「報復性消費」。諷刺的是，在警察和示威者於中文大學對峙期間，香港首富李嘉誠旗下的連鎖超市如常入校補貨，也被視為「撐手足」、維持物資供應的行為；可能對不少人來說，地產霸權面對政府的暴力，反而成為救星。至於杯葛「藍店」，是抗議中資或親中商界反對、批評運動之舉；有中資連鎖商店被「裝修」，也是因為抗爭者認為連鎖店和在示威現場襲擊市民的幫派關係密切，迫得該連鎖店要發聲明否認公司與管理層與幫派掛勾的指控，向親政府的暴力行動割蓆。

第四種左翼論述，可謂「神女有心，襄王無夢」，這體現在反送中運動催生的新工會運動。香港左翼社運其中一套信念，可用十六字「真言」來表達：「組織工會，團結工友，爭取勞權，深化充權（編案：「充權」，empowerment，臺灣又譯作「賦權」或「賦能」）」。和親共工會強調福利聯誼和恩庇侍從網絡不同，屬於民主運動陣營的勞工運動，重視組織工會為工友充權的資源和機會；儘管現有法例限制了工會在勞資糾紛的角色，又缺乏集體談判法例，但在僱員享有罷工權利的條件下，工會透過發起罷工來向資方施壓以改善勞工待遇，的確有成功經驗。由七十年代教協發起罷工改善教師薪酬待遇，到二〇〇七年扎鐵工潮、二〇一三年碼頭工潮等，總工會的跨界別動員確帶來了一些成果。

二〇一九年，新工會浪潮興起，部份傳統工運、社運組織者彷彿如獲至寶，想像重視組織、強調經濟及社會平等的左翼運動可以成為反送中運動的一股重要力量；長期關注香港工運的學者和組織者亦借題發揮，藉新工會運動扣連傳統工運提倡的勞動三權論述、爭取經濟民主、對抗財團壓迫等等。然而，今次反送中運動和新工會運動，卻是另一回事。

從抗爭者及運動的動態來看，工會之所以可以貢獻運動，在於它們可以名正言順組織罷工和參與「議會戰線」。不過，市民出於政治理由參與罷工的成功經驗，可能只有由國民黨及中共動員的省港大罷工，以及戰後的六七暴動。支聯會嘗試在八九六四中共屠城後發起全港三罷，惜最終因旺角出現騷動而擱置；二〇一四年九月二十八日，警方向佔中示威者發射催淚彈，爆發雨傘運動，職工盟當晚即呼籲全港罷工罷市，但響應者寡，僅有一兩個工會認真發動罷工表態支持佔領運動。

傳統社運工運的局限

那麼，工會和傳統社運陣營在反送中運動有無成功發起罷工呢？

二〇一九年六月九日百萬人大遊行後，政府無動於衷，堅持六月十二日如期二讀逃犯條例的修訂草案，激發市民自發動員當日罷課、罷工和罷市到立法會外集會。當日防暴警察以催淚彈和橡膠子彈清場，激起民憤，民間人權陣線（民陣）亦公開呼籲全港在六月十六日的遊行後的周一發動「三罷」，迫使政府撤回法案，當時政府仍未宣布暫緩修例。到政府公佈暫緩修例後，民陣雖如期發動大遊行，但表示由於立法會已取消會議，故決定暫擱六．一七「三罷」和在立法會外集會的行動，並對訊息引起混亂感到抱歉。

民陣的決定，引起部份工會和社運組織者的異議。職工盟表示當日如期在金鐘舉行集會；有民間團體工作者發表聯署聲明，表示「願意成為六．一七三罷的發起人，除了以個人身份發起，亦會爭取所屬單位認可、支援六．一七的三罷行動」，並呼籲其他組織者實名聯署，爭取市民「認可其公信力」。不過，六月十七日當日，職工盟的集會只有百多人參加，曾表示願意發起三罷者，亦沒有具名的跟進行動。由此可見，傳統社運和工運組織並未成功發起和動員到反送中的罷工行動。後來八月五日至十一月的「大三罷」，則完全是網民主導、去中心化和去架構化的集體行動和勇武抗爭。

以上的歷史軌跡，多少解釋到為何新工會成為反送中運動的生力軍，卻沒有使重視工運的左翼論述融入運動中。政治罷工不受勞法保障，參與反送中「大三罷」活動的在職人士，要請一日事假投入抗爭並非難事；但要集體發起罷工，除了要有和僱主及政府周旋到底的意志，也要有足夠的糧餉——罷工基金支持。平時工會發動罷工籌備要深思熟慮、「融資」有道，但在這場強調無大台、行動如水的反送中運動，傳統模式的罷工實在難以增加運動的籌碼。二〇二〇年，中共在五月宣佈為香港訂立國安法，「二百萬三罷工會聯合陣線」及「中學生行動籌備平台」就是否發動「反對港區國安法」的罷工罷課在六月舉行會員公投，結果是三十個工會總票數僅有八千九百四十三票，遠低於發起罷工的門檻票數位（六萬票），罷工無疾而終。左翼論述和傳統社運及工運關係密切，但在發動政治罷工的層面，理論和現實的落差實在太明顯，左翼強調以工會來爭取勞權的論述，難以套用在政治罷工身上。

新工會浪潮「脫鉤」傳統工運

新工會的組織型態和行事風格有別傳統工會，帶有去中心化、身份政治主導、以奪取建制權力為目標（功能團體、選委會）的特徵。所謂去中心化，在於它願意同抗爭者並肩，但不等於要接受加入傳統工會聯盟，整合組織和資源；職工盟在新工會和大三罷的作用，只是輔助動員的角色而已。至於身分政治主導，既指新工會之所以受到重視和具吸引力，並非在於其爭取權益的能力，而是來自其政治取態和身分認同。以反送中後成立的新公務員工會為例，新公務員工會的創始成員，在去年八月發起主題為「公僕全人，與民同行」的公務員集會，強調公務員會繼續維持政治中立，為「真老闆」香港市民服務，客觀上呼應已成運動主軸的「香港人身分」和命運共同體，壯大反送中運動的道德權威，與當時的政府及否認勾結鄉黑的警方分庭抗禮；到新公務員工會成立後，其最重要的工作，相信是應付政府要解僱曾參與反送中運動和被捕的公務員的清算行動，以及新入職公務員要宣誓效忠《基本法》等政治議題。

而奪取建制權力，就和參選議會有關。新工會在反送中運動最重要的戰略目的，不是為增加勞資糾紛的談判籌備，而是為了「儲夠票」參與二〇二一年的選舉委員會選舉，以及二〇二四年的立法會功能組別選舉。香港選舉特首的選委會，一千二百個議席中有六十席由勞工界代表全票選出；立法會功能組別有三席屬於勞工界。每一個純僱員工會都能在上述界別每一席位得到一票；而成立一個工會，只需要七個人登記註冊。成立新工會的重要任務，就是「趕住上車」，在二〇二〇年五月二日前成立工會並運作一年，以符合工會作為選民的登記資格，參加翌年的選委會選舉。支持運動的網民更開設方便僱員自組工會的網站，猶如「工會生成器」。當然，「黃」「藍」雙方，都懂得善用這組織工會的自由。但無論如何，成立工會志在建制奪權的策略，和傳統工會運動強調在體制外鬥爭，兩者的張力是顯而易見的。

總而言之，即使在反送中運動出現過有左翼運動影子的抗爭行動，比如是罷工罷市和成立工會，它們也難以被視為左翼運動的一部份。我們不能單憑其形式涉及打工仔女，便認為左翼不再失語、不再處於末流云云。

香港左翼社運的前路

面對未來，所謂「左翼」運動，應何去何從？

今時今日強人威權領導、無大台運動和素人政治掘起，正在將傳統型態的政黨和舊工會由政治角力的中心走向邊陲。份屬威權政體的香港，這趨勢就愈來愈明顯。香港的政黨政治，是依靠中港關係設定的政治空間來存活；當這政治空間將成泡影，政黨政治只能作出兩個選擇，一或甘作議會（區議會和立會如是）花瓶，一或負隅頑抗，至死方休。中間路線或會留存，但玩家只會是建制派。

傳統民主派本來選擇留在人大延長任期的立法會繼續「抗爭」，但到了二〇二〇年十一月人大頒布決定讓特區政府取消四名民主派議員的席位後，全體民主派議員就宣布總辭，拒絕和這港版「萬年國代」玩下去。公民社會成為香港「黨外運動」的基礎，公民組織、工會的戰略價值就更重要。

政權以國安法反制香港反送中運動的國際戰線、街頭戰線和議會戰線後，下一步當然是清算試圖發起三罷和在選舉「奪權」的新工會。新工會方興未艾，能否抵住政權打壓，還是能夠繼續遍地開花？事實是政府已透過勞福局局長的網誌表明，以目前人手，無法在下次選委會選舉前完成批核超過三千份新工會的登記申請。同時間，二〇二一年由中共拍版的選舉改革，要求界別有關團體和企業須持續運作三年以上，方可成為該界別分組選民，意謂大批在反送中運動後成立的工會至少到二〇二二年方可參與官方選舉。而發起全港三罷，會否觸犯國安法的顛覆國家政權罪，仍然有待觀察。

我過去參與香港社運時，一直篤信政黨運動和公民社會、社會運動結合是最理想的抗爭模式。但後來的個人經驗和觀察，始終認為強大的公民社會比政黨發展來得緊要，海內海外亦然。香港民主運動未來短中期的走向，相信是維持去中心化、甚至地下化的格局。社會各條支柱——商業、宗教、教育、傳媒、文化、專業、大學等等，面對國安法的新範式，只會更加走向保守的道路。

新工會如何在這些領域保存實力，當然要留待工會自身去判斷，但面對極權主義、國族主義和本土主義對民主運動和法治的震盪，我們需要更有活力和創造力的公民社會，尤其是有新思維、新視野和新策略的工會組織；而工會組織要接地氣，最需要的是放下意識型態的框框。反送中運動是一場無大台的全民運動。無大台，就無定於一尊的意識形態。能夠成為主流價值的，就是主流抗爭者的思想反照。就此，許寶強博士的一篇學術論文，就提供了一個供左翼運動中人省思的視野：

> 「失語」的說法，只是反映了「左翼」過於固守其過去的語言，一種於特定的歷史和社會脈絡下所建立的語言，因而無法或不願發展出既能符合「左翼」的終極關懷、又能於新時

局中回應民眾的情感與訴求的論述。除非，我們假設了在任何的歷史時空，都只有一種自有永有、恆久不變的語言，能夠表述「左翼」的終極關懷，但卻必然與受「主流統識」滲透的民眾的聲音相左。否則，對所有願意嘗試「建構多數」的社會運動組織者來說，從來都不存在「失語」的問題。[1]

前文提出四套「失語」的左翼論述，正正墮入了許文所指，成為「一種自有永有、恆久不變的語言」的毛病。用俗語來說，就是「膠化」了。反送中運動其實少有以左右意識形態作身份認同、定位和行動思想指導。當然，政治領袖和組織需要明確的意識形態和理論作團結支持者的基礎。然而，反送中運動得以持續的關鍵因素，不單是和勇不分，更是暫卻左右之爭所帶來的凝聚力。抗爭者的義氣、質樸、務實和遠見，比左翼或右翼理論更激發人心。

並非左翼的法律學者戴耀廷曾於二〇二〇年八月在香港發起「拉撒路計劃」，引用聖經中耶穌顯神蹟復活凡人拉撒路的敘述，邀請公民社會和普羅大眾想像、思考香港「浴火重生」後的理想社會為何。這正好呼應許寶強所講，左翼是時候「叩問甚麼是『左翼』的終極關懷，釐清社會運動的願景，尊重（準）抗爭者的能動主體（agency），認真聆聽民眾的情感與想法，於理

1 許寶強，〈左翼失語，還是被消聲的抗爭主體？〉，刊於《臺灣社會研究季刊》第一一五期（二〇二〇年四月），第二三七至二五八頁。

論傳統和百姓的日常生活中尋找新的語言，思考和尋找「左翼」社運目標與民眾訴求的可能交集」。

*本文初稿撰於二〇二〇年十一月十七日

原題〈膠化還是失語，香港左翼為何不討好？〉刊於《端傳媒》

第三輯｜民主之路

香港人自八十年代起爭取民主運動，一向以參選議會和以公民自由來抵抗中共為主軸。然而，到底民主運動是否只談公民權利、是否一定要在建制內寸土必爭，至今仍然是民主運動內部爭拗不斷的議程。亦因如此，公民社會對民主運動的關切，亦集中在爭取普選制度，鮮有關注民主的內涵和選舉制度的公平公正。香港在威權法治的陰霾下，自由民主既不可期，既有的選舉制度是否公平公正，也愈來愈惹人質疑。本部有五個主題，共二十篇文章，是作者在參與民主運動和選舉觀察期間的反省，包括對香港傘後社運文化的反省、民主派參與「小圈子選舉」和舉辦內部初選的利弊、香港選舉公正問題的觀察、回顧全球威權主義興起，對中港關係和香港法治的影響；並探討在反送中運動、中美關係和新冠肺炎大流行下，全球民主運動和人權運動何去何從。作者認為，社運要「固本培元」，就要抓緊社會運動的道德資源和正能量。本部提到佔中審判和紀念六四，正好提醒我們：與其被動接受民主運動未竟全功，不如說是毋忘初心的時刻：思想與記憶的頑抗，正是累積運動社群的力量，為下一波運動作準備。

薪火相傳的民主運動

悼念八九六四，建構本土民運

民女事件，本土抗爭

二〇一四年，香港的本土派政團「另起爐灶」，在尖沙咀舉辦六四晚會，明言不認同支聯會晚會的路線和質疑其目的，有數千人出席。二〇一五年的六四，退出香港專上學生聯會（學聯）的香港大學學生會在校內自行舉辦六四晚會，亦表明不認同支聯會「建設民主中國」的口號。翌年，不少大學生組織和倡議本土主義的政團，仍然多番非議支聯會的六四晚會和「建設民主中國」等口號，甚至因有學生報刊文章以侮辱性言辭形容支聯會，引來社會反彈。時至今日，年輕一輩對應否紀念六四，以至應否「建設民主中國」等的討論，氣氛已變得相當冷淡。

對我來說，紀念六四不單是捍衛當下民主發展不可或缺的一環，更是發掘、肯定香港本土民主運動共同記憶的重要過程。一個明顯的例子，就是我在任中文大學學生會會長時發生的「民女事件」。

二〇一〇年，我在任中大學生會會長，在八九民運二十一周年前夕，爆發了「新民主女神像」落戶中文大學的爭議（下稱民女事件）。爭議源於兩面：一，新民主女神像由外地運至香港期間，歷經官方的重重限制；甚至在時代廣場公開展覽時，被警方「沒收」，激起社會極大反響，視為政治打壓，踐踏公民自由。二，在新民主女神像「獲釋」後，以時任校長劉遵義為首的中大校方發出聲明，指校方基於「政治中立」的理由，拒絕學生會提出擺放雕像的申請。此論一出，旋即引起社會譁然。

六月三日，我和各校內校外學生組織（包括學聯）在記者招待會中指出校方立場是政治獻媚、破壞大學的學術和思想自由，堅持雕像在中大擺放。翌日，我和中大學生會以及學聯朋友，在支聯會舉辦的六四晚會「大台」上，公開呼籲市民和學生在晚會後到中大集會；終有二千師生見證新民主女神像落戶中大。雕像至今仍然矗立，成為中大「非官方」地標之一。

民女事件反映出「六四」本身，和香港本土的抗爭是唇齒相依的。民女事件之所以「升級」，是警察打壓表達和集會自由，和大學校方自我設限，破壞學術自由和思想自由，為社會所抵抗。這些建制權力實在地侵犯、壓縮香港人享有的公民權利和自由。建制打壓的原因，就是因為香港人和學生會實踐公民權利時，觸動中共的政治神經，被視為衝擊「六四」禁忌。故此，在香港悼念「六四」，正好是一把尺去量度香港人能否完滿實踐和體現其公民權利。在中共對香港全面統戰工程日深之時，這尤其重要。換言之，「六四」對香港而言，即使撇除中港民運關係的視角，它和本土人權發展，實在息息相關。

至於支持香港民主運動，卻不認同「建設民主中國」的人，究竟是因為中國與她／他無關，還是因為中國不值得有民主？如是後者，則這觀點本身是「反民主」的。如是前者，則她／他要分辨清楚，中國與之不相干，是客觀的事實還是主觀的願望？客觀而言，中港政治經濟地緣在自願／非自願的連帶關係下，若說中國與港無關，顯然是出於主觀因素為多。但我感到這種主觀願望，並未壯大民主運動，令運動更有實力抵抗、逼迫統治者；它只是鞏固了一種對政治漠不關心和犬儒的集體心理，對促進民主來說，事倍功半。

當中共對香港的吸納政治日益膨脹，難道我們能無視大陸政權而迴避抗爭嗎？每年的六四晚會，就是香港和中共的暴政一直勢不兩立的最大象徵，是代表了香港拒絕遺忘中共暴政、拒絕讓步、並堅決捍衛香港人尋求真相、充實人權和建設正義的權利。這其實是香港人很重要的政治身份認同。既然「六四」大框架下的相關議題、價值和香港本土權利如此相關，那麼不論屬於哪個政治光譜的陣營，如要關懷本土，其要務實在於肯定和論述「六四」，而非迴避「六四」；刻意迴避「六四」，只是鴕鳥般無視香港本土公民政治權利的問題，倘若構成「選擇性維權」，最後可能與爭取民主、自由、人權的價值更相違背。二〇二〇年國安法通過後，公開悼念六四，隨時成為顛覆國家政權的罪名。當紀念中國大陸的人權慘案而成為香港的政治犯，那麼悼念六四，必然是一個屬於香港的本土人權運動。

港人主體，空間政治

中大學生會當年成功動員二千多人在中大見證「新民主女神像」矗立，固然和校方的錯誤及連日輿論氛圍有關，但我相信更直接的是中大學生會在當晚支聯會六四晚會台上緊接學聯發言，公開呼籲市民和學生到中大集會。

我清楚記得，我在台上發言的對象，除了一九八九年以來一直參與集會的市民，更有為數不少的中學生和年青一代。這十多萬人，構成了一個承先啟後的命運共同體。這份在同一時空下共負一軛的激情，其實頗直接鼓勵了晚會參加者繼續出席後續的抗爭行動。如果當年缺少了這一環節，我猜想到中大見證新民主女神像落戶的人數，尤其年青一代的香港人，必然大減。

其實，學生組織高度參與六四晚會，也是和在場同輩分享共同的語言，連結「六四」和香港本地政治困境，共同承擔香港民主運動。六四晚會的主體，始終是香港人。如鄭煒和袁瑋熙兩君在有關雨傘運動的研究中發現，參與佔領的香港年青人，大多參與過七一遊行和六四晚會。[1] 這更令我堅信，六四晚會不再單純是上一代「大中華膠」的周年聚會，更成為了接駁香港年青人與香港（對不少人來說，也包括中國）民主運動的場域，為凝聚香港的抗爭政治奠基。

抗爭政治的其中一個戰場，是爭奪公共空間。當年學生會堅持將神像及浮雕放置在鄰近鐵路站的大學廣場而非學校建議的大學本部，除了因為大學廣場的地利因素之外，亦是在於中大學生自主空間的稀缺。屬於學生會全權管理的室外空間，僅得范克廉樓外的「文化廣場」。在一些寬闊、適合舉辦大型活動的室外空間如大學廣場、百萬大道、峰火台等，均需經過漫長而僵化的申請程序。校方這種對室外空間的僵化管理，正正是窒礙了公共空間的發展可能。以「政治中立」為由拒絕神雕落戶中大，不單為香港獻出媚共辭窮之醜，更突顯校方對學生自主空間的漠視。校

1 鄭煒、袁瑋熙（二〇一五），〈「雨傘運動」：中國邊陲的抗爭政治〉載於《二十一世紀》雙月刊，香港：香港中文大學中國文化研究所，第一四七期。

方要保持政治中立，就連空間也變得中立，什麼也沒有，失去了空間藉藝術品、人文活動帶來改變的可能，由中立變為孤立，成為一所「地空空，無一物」的學校。

法國著名空間理論家拉菲伏爾指出，對抗行動產生的力量，能夠挪用原有受權力機關控制的空間，進而創造出一個對立於現存建制的對抗空間（counter-space），最終可以解放被壓抑的社會性空間。[2]雕像矗立中大，正是打破了中大管理層封閉公共空間的行動。面對校方以歪理拒絕雕像落戶，學生會除了沉默，就只有抗爭。三千人會師大學廣場，見證雕像和浮雕為中大的公共空間打開了一個新缺口，改變了大學廣場一塊草地的意義。這次行動，亦為推動大學廣場成為師生自主空間打下一支強心針。

爭奪公共空間，既是改變權力不對等關係的手段，亦是公民展現活力與創意、充權以充實社會運動的機會。大學實踐社會責任，應帶領社會進步，推動更豐富的人文生活。除了學術生產、向外參與社會，校園的空間本身就有一種服務社會的公共性。公共空間的公共性不只是向公眾開放，更在於透過公眾的參與，展示和塑造更多可能。在神像矗立後的周日，香港電台電視節目《城市論壇》移師中大舉行，吸引百多人參加，活化了大學廣場，令廣場成為一個新公共空間。神像成為新公共空間的「定海神針」，中大有此靈地，管理層就應該以寬容的態度彰顯校園的多元性，讓學生甚至民間社會能夠在校園舉辦更多有公共性的人文活動，既體現大學百花齊放的自

[2] Lefebvre, Henri (1991) *The Production of Space*. Translated by Donald Nicholson-Smith. Wiley-Blackwell.

由風氣，亦為我城推動公共空間發展作一示範。反之，當校方伸展權力規訓學生、打擊學生參與公共事務和在校園論政，作為近合政權的自保手段，大學自由、自主、多元的氛圍就會逐漸死亡，成為專制社會的縮影。由二〇一〇年的校園抗爭，對比今日二〇二一年香港各大學高層打壓學生會自治的手段，就可見爭奪公共空間的抗爭政治，只能是大學生們和香港人的畢世修行。

民主傳承，傳承民主

民女事件亦折射了實踐民主和忠於傳承的張力。誠然，由校方聲明拒絕新民主女神像在校園內擺放，到六四當晚在中大矗立雕像之間，僅有不足四十八小時的時間供學生會應對籌謀。當年的學生會對「六四」立場固然有民意授權，但面對這突發事件，學生會的處理手法在事後也惹來了部份同學的批評，例如未有充份諮詢同學意見、以對抗方式「違法」矗立民女云云。但我當時的判斷，是必須平衡縱橫兩面：我們除了有橫向視野，時刻警惕是否忽略廣大同學的民主參與外，也有縱向的歷史承擔。八九年後歷屆中大學生會均高舉平反六四、對抗中共極權為綱領，我相信並非僅僅是巧合而已。當每屆幹事對學生會在八九民運以降的角色、理念和史實有深度和充實的掌握後，應明白到同時向同學和歷史問責，至為重要。如果當年學生會應對民女事件時抽離學生會以至香港民運的歷史脈絡，相信連動員香港人參加中大集會的勇氣也沒有。在當時，平衡同學問責和學運歷史傳承的確艱難；但慶幸的是，我們最終沒有獨傾一方；在形勢下也得到輿論和同學的肯定。

當然，我們不應盲從傳統。批判社運領袖建立的「傳統」，對推進民主運動同樣重要。「本土派」對悼念六四的批評，某程度上提醒我們要更深入去反省紀念六四的意義和價值。六四屠殺，是八九民運的結局；既然八九民運本身就是一個爭取反腐、自由和民主的運動，檢視運動的過程、組織、論述和得失，可以是對香港發展民主運動，尤其是透過由下而上的群眾運動爭取民主的參照資源。

不少海外學者，透過比較八九民運和八、九十年代其他國家的大型非暴力抗爭，得出不少對非暴力抗爭如何爭取民主化的分析。對於身處香港的我們，如能在紀念六四同時，理性地比較、分析八九民運和香港多次大型群眾運動，定會充實紀念六四的價值。質疑紀念六四對香港民主運動沒有效用的人，更應花時間去研究、解說香港民運應如何從八九民運中吸取面對中共極權的教訓，這對香港本土的民主運動實在有利無害。我在二〇一九年六四周年前夕，應邀在香港大學學生會的六四論壇演講，和其他嘉賓以古鑑今，與紀念六四的晚會儀式既不相衝突，從理念上也「活化」了對八九民運和六四屠城的認知，效果也是在對沖反送中運動爆發之前社會一片冷淡，甚至是「唔關我事」的政治文化。

二〇一七年六四前夕，坊間出版了一本題為《從支援中創造：有待相認的八九香港》的小書。作者陳景輝透過整理過去幾年民間「八九紀念導賞團」的資料，重申香港人在八九民運中的參與，是屬於香港本土的重要記憶。他認為：

八九六四根本是百萬港人的一次民主洗禮……縱然後來坦克車將之暴力輾碎，當時這一政治創傷，一定程度的造成犬儒、冷漠、移民，但同一時間，也有很多人沒有給挫折打垮，並懂得人間正義和自由民主的真諦，走上不一樣的路……今天香港社會所著重的自由民主反專制氣息，絕非自然而然，其中一個重要部分肯定是八九六四所帶來的啟蒙及挫折的遺產。[3]

八九民運的確深刻塑造了香港民主運動的軌跡。認識八九、紀念六四，是重拾香港民主發展共同記憶的其一關鍵。「八十後」一代如我，對香港民主運動的直接經驗多來自二〇〇三年七一大遊行或雨傘運動，但我們更需要貫串這些關鍵事件，重構一個更完備的「本土」民主運動的歷史敘事。這思想訓練我們的頭腦不會急功近利，而有長線、宏觀的視野去堅持民運到底。

念茲在茲，人心不死

二〇二〇年，警方以防疫為由，反對支聯會在維園舉辦六四燭光晚會，成為八九年香港首次無法在六四當日公開、合法舉辦悼念活動的一年。

3 陳景輝（二〇一七）《從支援中創造：有待相認的八九香港》，第二十九頁。

曾經有人道：「悼念六四，不一定要到支聯會維園的晚會。」去支聯會晚會與否，已不由我們自由選擇。這一天，終需來臨，只是想不到來得這麼快。

過去曾有想像過，最理想地悼念六四，是維園二十萬人集會以外，全港各地都有上萬人以至十萬人集會，百萬人悼六四嘛。香港在反送中運動有過二百萬人上街，難道我們會滿足二十萬人集會悼六四而已？

政權藉新冠肺炎和警察暴力打壓異見者和公眾遊行集會的權利，已是今日全球威權化的標準公式，香港情況並非孤例。不過，香港同時走在全球公民抗爭的前端。香港人在反送中運動的示威手法、策略、表達方式，揉合古今，亦創新猷，已有不少海外示威者模仿。抗爭方法與時並進，亦不必拘泥於一元的表現方式。

沒有維園燭光集會，對香港本地的抗爭運動來說，當然是一個打擊：我們被政權中斷了守護記憶的公共空間。但我們也記得在反送中運動裡，「拆一掛十」，「行動如水」的經驗，已經刷新了我們的抗爭想像。最終，在六四當晚，大批市民自發衝入維園點起燭光；全港各地也有上百成千的市民聚集，以燭光告訴全球，香港人悼念死難者和毋忘暴政之心不死。

政權以為肺炎和「非法集結」罪可以嚇走香港人的行動意志，打開「沒有悼念」的潮流，今次可謂輸得一敗塗地：

維園集會禁不了，反而真的和各區開花和平悼念六四，悼念的地理覆蓋面大幅擴大了；過去是否由支聯會一枝獨秀搞悼念六四的爭論也不重要了；對前往維園悼念六四有冷感的人，在大街小巷也見到了大中小型晚會了；外國媒體也報導，在國安法和警察威嚇下，香港人仍然敢出來突破白色恐怖了；以後每年，無論打壓有多大，走出來悼念六四、繼續抵抗暴政的信念也停不下來了。

*本文於二〇一五年至二〇二〇年陸續寫就

知識生產與進步社運

二〇一九年元旦，民間人權陣線發起遊行，大會公佈有五千五百人參加。在香港，一場社會運動參與人數多寡——無論是以集會、遊行或佔領形式——往往是輿論的焦點和評論員的「快餐」：參與人數多，可論為民怨高漲；參與人數少，又可解讀為政府施政良好，或者是民眾厭倦社運。

這種分析社會運動的視角，其實隱含兩個預設：一，社會運動的本質是官民之爭，民眾以運動手段向政府表達不滿，試圖改變不得民心的政策或法例；二，衡量社會運動成效，關乎參與人數多寡，亦是政府會否改變決策的因素。

這個分析視角，也許會窒礙我們理解社會運動其他重要價值。研究社會運動的學者Donatella Della Porta 和Elena Pavan曾發表了一篇論文，藉研究近年歐美的佔領運動，指出社會運動所生產、傳遞和實踐的知識，構成了當代「進步社運」（progressive activism）的意義。[1]

首先，他們所指的「進步社運」，並非近年盛行的右翼民粹主義，而是指爭取全球正義和融和弱勢的運動，例如佔領華爾街掀起、反對政府削資、團結難民和反對網絡性別暴力的運動等。

[1] Della Porta, Donatella and Elena Pavan (2017) "Repertoires of knowledge practices: social movements in times of crisis" *Qualitative Research in Organizations and Management: An International Journal*, Vol. 12, No.4, pp.297-314.

這些運動不止於在街道或廣場示威，還成為具有新意的民主實驗室：運動參加者創造了集體空間，供他們再思何謂民主、凝聚不同專長、建構新的思考模式和政治社會分析。故此，社會運動對政治和社會變革的貢獻，不僅是達致政策或文化的變易，也在創造和傳遞有別於主流常識的另一套世界觀和政治想像，以及實現之途。

「社運生產知識」的理論集中在生產的形式與過程。那麼，社會運動可以建構和生產什麼知識呢？兩位作者參考了前人的「認知實踐」理論（cognitive praxis），認為在社會運動過程所建構的空間，既供社運人士詮釋和挑戰官方、專業、習以為常的知識，亦為社運人士發揮創造力，實踐社會運動對世界的願景，以及對目前維持秩序的管治機器之態度；他們在社運中選擇、運用和可改良的技術；以及生產、傳遞和經驗新知識的組織運作模式。他們生產的知識，就是經其思想、經驗和實踐而來。

在社會運動的過程，參與者透過實體或社交媒體進行商討，連結不同個體的經驗和理想。這些個體的知識經社會運動結合為集體的知識，定性該社會運動本質之餘，亦建構了集體身份認同。而且，不同參加者和組織在社運過程互相傳遞資訊和共享資源策略，令一場社會運動可以接駁出更龐大的資源網，亦建構了集體的「行動網絡」，凝聚不同關懷的社會運動。兩位作者常引用「全球正義運動」和「佔領波士頓」運動，它們舉辦的現場論壇，讓參加者不只相互寒暄討論遠景，同時也可商討實現另一個理想世界的具體策略。最終，一場社會運動可以生產出「另一個政治可能」（political alternative）的知識，它包含對現狀的批判，以及具體的另一套可行方案去克服現實的局限。這些在運動中生產的知識的素材，既來自專業界別，也來自承受不公正對待的弱勢群體，尤其是飽受性別和種族歧視者的在地經驗。

兩位作者認為，社會運動除了生產知識，亦包括傳播知識的過程。當社會運動建構出一套有別常識、對社會現狀的另類理解、拆解歷史迷思或嶄新的政治抗爭策略時，它無可避免與主流的文化和知識，以及其背後的霸權產生衝突。故此，社運人士不妨以「激進教育」（radical education）傳遞社運生產的知識。但兩位作者認為這種有別主流的教育相當非形式和隨機。在外國的基層運動，這種教育體現在參與運動的群眾嘗試組織、籌備社會行動，例如學寫新聞稿、單張、組織工作小組、計劃遊行示威等等。在行動過程所得的個人經驗和反省，將成為運動的在地知識和民間智慧。無論如何，傳遞社運知識的價值，不僅在其知識本身，也在為參與者充權。

Donatella della Porta 和Elena Pavan 對社會運動之價值的見解，提供了另一個角度理解進步社運。首先，我們除可以理解社會運動為官民對決外，也可以將社運視為開拓、創造另一套社會藍圖的實驗室。社運不止遊行集會，集體商討社會發展、透過行動生產新的思想、知識、願景去滋養大眾，也是社會運動不可或缺的一環。社運的價值，除了以行動與當權者角力，也在生產宏觀、有遠景的論述，從以改造思潮和習以為常的觀念。既然社運的目標與價值不止於改變政策和法例，那麼衡量社會運動和社會行動的準則，是否只有參加者的數字多寡？或者，我們除了關心數字，更應該多關心遊行集會和其他形式的社會運動，能否逐步建立和凝聚跨界別的資源網絡、生產進步、在地的知識，衝擊、抗衡香港社會主流的文化觀念，例如對政權大話連篇習以為常的態度、慣性歧視少數族群和漠視性別平等的意識，以及將法治與公義寄託在少數精英的依賴心理。

以上是曠日持久的功夫。但我們面對反送中運動和國安法後的香港困局，實在要有更寬闊的眼光，不斷思索社會運動對社會的價值。

*本文初稿撰於二〇一九年一月八日

原題〈社會運動的一種價值〉，刊於香港《明報》

佔中審訊是香港人的暮鼓晨鐘

「讓愛與和平佔領中環」（和平佔中）的發起人陳健民、朱耀明、戴耀廷，以及參與「雨傘運動」的抗爭者鍾耀華、張秀賢、李永達、黃浩銘、陳淑莊和邵家臻，在二〇一九年四月初被法庭裁定公眾妨擾等罪名成立。這場「佔中九子案」，對很多香港人來說是一場對二〇一四年雨傘運動的審判。

然而，佔中案的控罪和判決，無助我們理解佔領運動——由和平佔中到雨傘運動——的本質。形式上，它是一場大型、持續、改變社會日常秩序、違反現時《公安條例》的政治動員。本質上，它是香港民主運動的重要一環：它始於透過公民抗命喚醒人心、爭取普選的信念；抗議人大二〇一四年抹殺普選的「八・三一決定」、以及警方於九月二十八日向示威者施放催淚彈的社會運動。忽略這些大環境，只會讓人失焦，亦配合政權的盤算：將公民抗命矮化為公眾妨擾、以刑事檢控的方式處理政治動員和政治矛盾，而非尋求政治和解。

九位被告分別被控「串謀作出公眾妨擾」、「煽惑他人作出公眾妨擾」和「煽惑他人煽惑公眾妨擾」。控罪過時，已有多位前輩闡釋，在此不贅。[1]但選擇性檢控，倒要講得清清楚楚。參

---

1 可參閱被告之一、香港大學前法律系副教授戴耀廷的結案陳詞〈公民抗命的精神〉，載於《獨立媒體》，二〇一八年十二月十二日。連結：https://bit.ly/3sKZreN；及吳靄儀，〈「佔中九子案」的控罪：如何假普通法行不義〉，載於

與佔領運動的，斷不止這九人。政權選擇檢控三位和平佔中發起人和六位社運人士，客觀效果是將他們和佔領運動的參與者區隔：政權面對過百萬人參與過的佔領運動，以起訴「九子」作為回應，使一場政治運動變成一宗刑事案件；爭取民主的佔領者成為罪犯。這不單帶出阻嚇作用，也製造佔領者和社會大眾，甚至是佔領者的疏離感——「佔中案是關於他們的案件」、「佔領者罪有應得」云云。

法庭裁決的「神聖莊嚴」，大狀們鑽探法理技術邏輯，尋求嚴謹和司法公義，固然重要；但僅僅聚焦在訴訟過程，容易忘記背後更大的政治過程：政權選擇以檢控個別佔領者，其實是草草了事，將佔領運動歸咎於發起、參與一方，毫不檢討調查施放催淚彈的決定，也拒絕回應佔領運動的真普選訴求，不再重啟政改。

總括來說，佔中案之所以成為刑事案，不只是司法制度和過程的產物，亦是政權應付大型政治動員的結果，進一步強化政權樂於以嚴刑峻法處理政治矛盾的信息，倒退到港英八十年代前法律作為維持殖民主義的形象，呼應當今中國政府建構的法律意識：法律服膺社會主義政治需要，是政權用作促進經濟生產的工具、鞏固政治權力的「武器」。

政權有政治的盤算，佔領者也有佔領的動機。說佔領者的罪是公眾妨擾和煽惑他人，他們妨擾了什麼？煽惑了什麼？和平佔中妨擾的，是一個不正常、不正當的政治秩序。發起人戴耀廷、

《立場新聞》，二〇一九年一月十二日。連結：https://bit.ly/3sMVhTP。

陳健民、朱耀明在和平佔中的信念書指，公民抗命，是出於對香港的關愛。政治秩序影響社會秩序，官商勢力透過不普及、不平等的選舉制度，在行政長官選舉和立法會佔據絕對優勢，權力懸殊鞏固貧窮懸殊，政權沒有動機和實質的政治壓力去推行改善民生的財富再分配政策；在政治權力極不對等的社會，弱勢社群和少數族群就更缺乏抵抗力。爭取普選，並非僅僅為滿足形而上的政治自由與平等，而是尋求實質的社會公義。民主端賴公正的政治制度，以和平非暴力的方式進行對等政治協商和分配權力。

真正的和平，並非噤聲；佔領者的原罪，並非妨擾社會秩序，而是出於對最弱勢和無權者的關愛，呼號和平的政治制度。

如果說佔領者煽惑，就是煽惑大眾做「抗命」的「公民」。由二〇一四年學生罷課到佔領期間的「大台」，寫上「命運自主」四字。「命運自主」，就是拒絕命定，拒絕把未來人生拱手相讓他者的態度，這對個人生活如是，對社群秩序亦如是。對於政權來說，抗拒中央政府的政改決定，是抗拒其權力的正當性。抗命的根本，就是肯定自身作為人的價值、身分和權利。作為公民，就有公民權利。殖民年代，香港人習慣稱自己為「市民」，強調居住者的身分；今日，香港人強調公民身分和權利，豈會不對剝奪大眾政治權利的政權構成威脅？政權以刑法對付爭取政治權利的公民，就是貶抑「公民」的價值，和「抗命」的正當性。

佔中案的判詞，否定以公民抗命作刑事檢控的抗辯理由。但公民抗命對香港社會的價值，卻不容否定。香港人自八十年代起爭取民主，主流論述反映的動機，都是政治和功利掛帥，而非價值主導：民主回歸和民主抗共的論述，其實是政治抗爭的論述，多折射民主的工具價值；爭取民主作為落實人權等論述，雖然重視內在價值，卻一直未內化於香港社會。而且，有別其他飽受政治壓迫的社會，香港普遍民眾在反送中運動前，未感受政治暴力切膚之痛，對多數人而言，爭取民主其實有如「預防針」、「防火牆」，故香港人一方面爭取民主自由，另一方面往往對弱勢族群如移民、少數族裔、外傭和性小眾，普遍抱著排拒甚至歧視的態度。民主強調政治平等，實質不容歧視，但香港社會對民主自由態度弔詭，反映爭取民主的動力，功利有餘而信念不足。和平佔中提倡公民抗命，提出「違法達義」的法治觀念，挑戰大眾的法律意識；透過公民抗命行動，面對承受刑責的代價，讓人再思法律的價值：法律不應是當權者的工具，而應是保障人權的制度。公民抗命，就是保障人權而不惜犯禁承責的體現。

從法律觀點來說，佔領者是否妨擾、煽動，法官固然有其判斷；但從歷史和政治分析而言，公民抗命對香港社會的價值，就無法由法官定奪了。

被告之一、浸信會牧師出身的朱耀明在陳情時，引述歷史學家霍華德．津恩對公民抗命的見解，感動了不少參與雨傘運動的參與者；對經歷反送中運動的香港人來說，更加體會良多，不妨以此作結：

> 或許您們會說：我們的問題源自「公民抗命」。錯了！

我們的問題，乃是來自「公民從命」。

這種從命，讓世上無數的人屈膝於強權，獨裁者的政體之下，被捲進死傷以百萬計的戰爭。

這種從命，讓世上無數的人對貧窮、飢餓、愚昧、戰禍與殘暴無動於衷。

這種從命，讓世上的監牢擠滿小奸小惡的罪犯：大奸大惡者，卻成為國家的領袖。[2]

*本文初稿撰於二〇一九年四月十五日

原題〈佔領者的罪名〉，刊於香港《明報》

2 朱耀明的陳情詞〈敲鐘者言〉，連結：https://bit.ly/32KNIm0。

「議會戰線」的反思

選舉制度大倒退下的「議會戰線」

二〇二〇年三月十一日，中共全國人大會議表決通過修改香港選舉制度，旨在「完善香港特別行政區選舉制度，必須全面準確貫徹落實『一國兩制』、『港人治港』、高度自治的方針，維護憲法和香港基本法確定的香港特別行政區憲制秩序，確保以愛國者為主體的『港人治港』，切實提高香港特別行政區治理效能，保障香港特別行政區永久性居民的選舉權和被選舉權。」[1]

中共說要保障人民選舉權利，對活在自由世界的人來說，當然只是一種奧威爾式「新語」語言藝術的背後，便是一連串令香港選舉制度倒退到殖民年代的舉措。三月三十日，人大常委會通過修改香港《基本法》載於附件一和附件二的特首選舉、選舉委員會（選委會）選舉和立法會選舉的產生辦法和表決程序，特徵有四：

一，中共直接操控的體系、組織、企業大舉進場，主導選舉結果：選舉委員會在原有的四大界別新增一個界別，擁有三百席由全國人大、全國政協和全國性團體香港代表的議席，佔選委會總議席五分之一；同時，在原有選委會界別分組插入不同中共在大陸的官方機構代表和中資企業代表成為提名而非選舉產生的委員，例如中國法學會、國家財政部聘

[1] 新華社，〈（兩會授權發布）全國人大高票通過關於完善香港特別行政區選舉制度的決次〉，二〇二一年三月十一日。連結：https://bit.ly/3dNjdSP。

任的香港會計諮詢專家。而且，選委會同時在立法會獲新增四十個席位，比改制後的地區直選議席（二十席）和功能團體（三十席）更多；功能團體亦新增了由中資代表的「商界（第三）」界別，以及「香港特別行政區全國人大代表香港特別行政區全國政協委員及有關全國性團體代表界」。由於選委會在新制度下的提名參選權力擴大到立法會選舉，令中共更有效以直系控制參選門檻來篩選參選人。

二，民選議員在新制度的影響力大幅倒退：選委會由民選區議員互選產生的議席全數取消，由政府委任的「分區委員會」、「地區撲滅罪行委員會代表」、「地區防火委員會代表」和「內地港人團體的代表」取代；立法會議員增加到九十人後，地區民選議席，由原本佔議會一半的比例降至低於四分之一（百分之二十二左右）。代議士代表的「民意」，在議會再無制度上的影響力。

三，選舉國安化：新制度加設「香港特別行政區候選人資格審查委員會」（資審會），負責審查並確認選舉委員會委員候選人和行政長官候選人的資格。香港國安委和警務處維護國家安全部門會審查參選人，向資審會提供意見書。任何資審會根據國安委的決定不能被司法覆核或選舉後的呈請。換言之，國安部門取代過去本地公務員主導的參選人提名審查，司法機構完全被排除在審視選舉公正上有制衡角色。

四，刑事化各類選舉活動的權力：人大常委決議香港政府要在本地立法「規管操縱、破壞選舉的行為」，當二〇二〇年民主派「初選」被定性為非法操控選舉、甚至涉嫌顛覆國家政權的活動，何謂「操縱、破壞選舉」的行為，再無法用常理解讀。最近香港官員和中共官媒先後明示暗示公開鼓吹在選舉投「白票」或「廢票」或被視作破壞和操控選舉，可見將來的選舉活動，只要被定性為對抗政權，就會成為犯罪證據。

選舉制度大倒退的狠辣，客觀效果是大幅降低支持民主運動者的參選或投票意欲。畢竟，參選的代價輕則成為政治監控對象，嚴重到飽受政治打壓和司法迫害終身；投票不投票，更有可能成為法定的強制「責任」。在眾多明朗和不明朗因素下，民主運動還要談「議會戰線」嗎？

事實是，傳統民主派政黨至今仍然未有最終決定是否參選新制度下的各級選舉，作為泛民最大黨的民主黨，也表示會到二〇二一年九月選舉委員會選舉後才決定是否派人參選。畢竟，政治上一日都嫌長。究竟中共會否以正在進行的國安案件或其他條件來搞「人質選舉」，威迫利誘民主黨派和政權一同起舞參選，仍是未知之數。

故此，在新制度下的所謂「選舉」以前，重溫民主運動過去有關「議會戰線」的路線討論，仍然是有價值的。「議會戰線」一說，是八十年代香港英殖政府開始舉辦選舉後，在公民社會的重大爭論。當時壓力團體對於是否參選官方選舉爭議不絕，支持者認為參選能獲得的社會關注、資源、陣地位置有助社區及公民運動發展；反對者就憂慮沉迷選舉和議會政治會被行政建制籠絡，繼而和公民社會及群眾運動脫節甚至疏離。其實，這兩套思維的爭論一直延綿至今，歸根究底，這些討論扣問的是：（一）群眾運動和選舉連帶議會政治兩者的關連；（二）參與選舉連帶議會政治的效益和代價；以及（三）群眾、群眾運動領袖和議會反對派領袖之間的關係。我依然相信，要疏理到大論述，就有能力選擇具體的行動。在接下來的幾篇文章，藉著回顧新選制前民主派有關「議會戰線」的幾次爭議，再思在威權甚至後極權的社會，支持民主運動的香港人可以如何自處、民主派領導應如何莊敬自強。

再思「寸土必爭」論之一：二〇一六年選舉委員會選舉

二〇一四年的雨傘運動，未能促使人大撤回八三一決定，普及平等的特首選舉，似乎遙遙無期。二〇一六年，當「重啟政改」之聲不再響亮，「民主自決」之論仍在發酵時，泛民主派又要參與選舉委員會（選委會）選舉。不論是傳統民主陣營或建制陣營，均已摩拳擦掌，蓄勢待發。

選舉委員會是香港特區選舉行政長官的制度，在二〇一六年，選委會由一千二百人組成，以簡單多數方法選出每屆行政長官，也可以選舉港區全國人大成員。選委會平均分成四大界別，成員由香港本地工商界、專業界別、基層組織、議會及政權成員組成。簡言之，是比七百多萬市民有更多政治權利的特權階級。

每次選委會選舉，傳統民主陣營對於是否參選，往往在是否「全面否定」和「寸土必爭」之間爭持不下。前者認為參與選委會選舉，變相認同小圈子選舉的制度；即使不參與選舉，香港人對小圈子選舉之惡，應已毫無懸念。後者則認為，既然未有普選，民主派應進佔愈多選委會席位愈好，藉以在特首選舉中揭示小圈子選舉剝奪港人普選權。加上今次特首選舉，梁振英仍然有機會「入閘」參選，民主陣營中人已開始醞釀力爭席位以達成「ABC」（anything but CY）的論述，作為參選選委會的依據。

反對小圈子選舉，是被剝奪政治平權（political equality）的市民大眾對抗擁有政治特權者的鬥爭；二〇一二年特首選舉，民主派初期積極派人參選，後期致力推動市民參與港大民研的民間全民投票，及呼籲選委投白票。結果，民主派參選特首原意不彰；超過廿二萬市民在民間全民投票中投票，過半要求流選；但在特首選舉中，未見全體泛民選委響應投白票。由此可見，民主陣營參與選委會和特首選舉，不單無法促進平權，反而繼續運用特權，困死於小圈選舉的制度邏輯中。

泛民主派陣營歷屆對於選委會和特首選舉的策略，有至少以下五種：

一、參選選委會，並提名陣營內成員參選特首，推出管治政綱，認真開展競選工程，向各選委拜票，「當真普選咁玩」，例如二〇一二年銳意參選但最終落空的馮檢基；

二、參選選委會，但不派人參選特首，旨在以界別選委身分遊說建制陣營候選人支持其界別所鼓吹的政策議題。例如上屆有選委明言不欲在特首選舉期間公開承諾投白票，是為了保留討價還價的能力；

三、參選選委會，以減少建制選委席位，儘管無法取得多數席位，也可成為「關鍵少數」，一或「造王」，一或阻止某候選人得到足夠票數當選；

四、參選選委會，並派人參選，目的在利用特首選舉的平台力陳小圈子選舉的不公義，亦即「進入建制，反對建制」；

五、完全不參選選委會和特首選舉，在選舉制度外推動群眾運動反對小圈子選舉，以維持還政於民普選特首的「民氣」。

第一、二種策略，是完全配合特首選舉的制度邏輯。一方面，積極向各界別選委討價還價爭取選票，營造即使不民主，仍然有競爭的假象，和建制陣營參選無異。另一方面，界別選委「擁票自重」，向候選人爭取承諾落實界別倡議政策，既有以界別利益蓋過社會整體利益的危險，亦強化選舉作為分配界別利益機制的法團主義邏輯。故此，這兩取態並無回應取消政治特權，反而是極致運用特權之舉。

第四、五種策略是意圖否定特首選舉制度邏輯的做法。參與不參與，志不在當選，而是為了從根本上否定其選舉制度，但第四種態度從經驗上看，媒體焦點仍然落在比較泛民和建制候選人的質素和競選表現。這些策略，高舉「反特權，還平權」的議程，但是否能達到預期效果，實在存疑。

至於第三種策略，其實很弔詭。一方面，它可以是一種消極的抵抗，因為這種態度僅是為阻止不受民間歡迎但仍勝算未穩的候選人當選。在今次特首選舉處境中，如果梁振英競逐連任，相信這「ＡＢＣ」思維推動的思想大有市場。但另一方面，它某程度上亦是配合選舉邏輯，因為這只是在小圈選舉內進行策略投票的行為而已。可是，當選委意圖運用制度賦予的權力去阻止或變相促使某人當選時，選委不知不覺間，亦是以個人意志，用普羅市民未能分享的投票權促成選舉結果。換言之，民主派陣營如採取這進路，到底仍是在目前特首選舉制度的框架內「玩配票」，不算體制內抗爭；而且，針對不義制度和推動普選甚至民主自決的議程，必然被如何配票的新聞所蓋過。民主派以此參與特首選舉，即使能以特權「篩走」某某，也會冷落「還我平權」的問題核心。

如果進入體制的目的是為了反對體制，抗爭的第一步便是要從思維上走出其體制運作邏輯。過去特首選舉制度的兩大魔鬼操作，一是以界別利益為重，二是建立了一千二百個能夠實質決定特首誰屬的「特權圈」。故此，如要反其道而行，民主派選委既要放棄界別利益，也要完全放棄其自主運用手中一票的權力。一個可能性是，倘若再次舉辦民間全民投票，民主派陣營應在參選選委會前，明示將完全放棄實際權力和所屬界別利益，只會按民間投票結果投票，儼如變相「選舉人」制度。建制陣營參與的機會固然微乎其微，但此舉一來能突顯民主派參選選委者不以界別關懷自重，身體力行否定選委會的功能團體邏輯；二來讓支持真普選甚至自決的市民肯定民主派陣營放棄特權，將權力交還人民，推動政治平權的決心，團結民間運動；三來亦會出師有名，繼續參選選委會，盡力取得席位。上屆泛民選委的失誤，便是未有高舉放棄自身特權的立場，到投票當日，亦非全體按民間全民投票的多數意願投票。

可是，民主派陣營中不同界別人士在今次特首選舉，是否真能團結一致共同進退，抑或是同枱食飯各自修行，豈會因筆者的主觀意願而轉移？畢竟，他們參選選委會的目的，並非為了「ＡＣＥ（anything causes equality）」。

二〇一六年，民主派參選選委會的最大公因數，就是反對梁振英連任。民主派功能團體議員牽頭成立「民主300＋」，高舉「換人換制度」，盡一切努力將梁振英趕下台。梁振英多年來所作所為固然令人憤慨，但我們仍要記得，政權以議員宣誓言行撤銷其議員資格，以及用人大八三一決定和釋法權來縛住香港的民主與法治，已經成為香港威權政府打壓反對派的範式之一，不再是梁振英個人的政治技倆。不論誰在小圈子當選特首，這借刀殺人的潘朵拉之盒已經打開，日後不論是政權出手抑或親共組織出聲，打壓反對派的政治工程將無日無之。

所以，將矛盾簡化到梁振英一人身上，反效果可能是模糊了人大八·三一決定和人大釋法的根本遺禍。換走梁振英，既不會換走八·三一決定和人大釋法權效，也不會令政權放棄利用釋法和司法覆核打壓異己的「妙法」。

雖然在傘後的兩次選舉中，非建制派成績不俗，但群眾動員力在傘運間「拆大台」和傘後「退聯潮」的影響下已大不如前。由於選委會選舉和疑似特首候選人成為輿論焦點，公民社會仍然陷於被動。但政權建立的「民間聲音」，卻不會因而放手。親中網媒「幫港出聲」被高調肯定，網上的建制媒體影響力愈見增長；甚至連近日民調也顯示支持與反對人大就議員宣誓作釋法者比例相近，可見親建制陣營近年由過往集中傳統基層組織和統戰工作，到建立新平台建立論述和直接行動以搶佔實體和網路輿論陣營的路線，漸見成效。

民主派參選選委會對民主運動的貢獻，其實是要讓沒有機會在選委會選舉投票的大多數市民有所參與，在自己既有的社交圈和群體，共思其謀，繼而同情甚至投入反抗運動。不然，困死在重重掣肘的制度，反而令群眾質疑成效，自討苦吃，甚至催生分裂的因子。

*本文初稿撰於二〇一六年九月二十八日、二〇一六年十二月九日原題〈如何面對不流血的政治謀殺？〉，刊於香港《明報》

再思「寸土必爭」論之二：二〇一七年行政長官選舉

香港社運老手、擔任立法會議員超過十二年的「長毛」梁國雄，在二〇一七年特首「小圈子」選舉提名期間宣布，倘在民間公民提名機制下取得足夠提名，將會參選特首，惹來民主派陣營非議，憂心長毛參選，會打亂「民主300＋」（下稱「300＋」）借策略投票向兩位建制候選人曾俊華和林鄭月娥討價還價的部署。

批評長毛參選的觀點有兩類，第一類批評我可概括為「道德批評」。這類批評指斥長毛昔日對泛民參選特首者口誅筆伐，如今高調參選，就是前後不一、「打倒昨日的我」。如果上述批評由屬於激進一翼的民主派提出，筆者可以同情理解；但對於泛民溫和一翼的質疑，實在感到奇怪：長毛出於促進民主運動的動機而決意參與一個小圈子選舉制度，豈不是符合溫和民主派採取的進路？另一種道德批評，就是指長毛形象和路線激進，不能代表整個民主派，也不能得到多數市民認同。的確，激進民主派和支持長毛參選的自決派，在立法會選舉中得票不超過百分之十六，本來就不代表主流民意，作為少數派是不爭的事實。

不過，積極商討提名策略、主要由溫和泛民及新興的傘後專業團體組成的「民主300＋」，又能夠代表整個民主陣營嗎？回到最根本的事實，原本選舉出一千二百名選委的選民基礎，主要來自工商專業界別共約二十三萬人。換言之，儘管「民主300＋」在不少選委會界別選舉中大獲全勝，其民意授權僅佔全港選民的百分之六，正面角度來看是社會的關鍵少數，但負面來看則是徹頭徹尾的「特權階級」。他們能否代表包括來自不同階層及職業的民主派支持者，實在有商榷餘地，正如你不會單單以功能團體的泛民議員代表整個民主派一樣。

第二種針對長毛參選的批評，可歸類為「策略批評」。最主要的論點是：香港人已經清楚小圈子選舉之惡，加上過去民主派已嘗透過參選特首突顯制度不義，故長毛參選，策略上不會增加效益。但社會大眾真的對小圈子選舉制度有所警惕嗎？選委會選舉特首的制度之惡，除了是設計上傾斜於建制派參選人外，更是透過分組界別利益去鞏固由政權主導的「分贓政治」。選委透過界別選舉產生，向界別選民負責，不論是特首或選委參選人，為爭取票源，無可避免要提出有利界別利益的政綱和討價還價，結果是同一陣營的選委難以跨界別視野建立一套完整和普遍（holistic and common）而非界別聚合（aggregation）的政綱；即使在全港性的選舉辯論，他們只需參選人回應其界別訴求便足夠了，這在過去部份有「民主300＋」選委多番提出參選是為改善界別狀況和爭取界別利益便可見一斑。而且，選委基於所屬界別和階級的誘因，對某些關乎大眾福祉的關鍵政策，也難以達至共識，比如「民主300＋」內以中產居多的專業界別和社福界，至今仍無法一致倡議全民退休保障；又例如教育界為特首選舉搞辯論，教育當然是全港關心的議題，但辯論的焦點，為何不可以由教師的薪酬待遇、教育撥款等界別意識較強的題目，擴闊到更具爭議的愛國教育、學術自由、言論自由等問題，令辯論不只停在候選人在撥款議題上「鬥大」，而非突顯建制參選人都是「天下烏鴉一樣黑」？

我並非反對「民主300＋」的選委提出界別訴求作為談判籌碼。事實上，我有不少好友和尊敬的前輩皆是「民主300＋」的成員，上述觀點絕無冒犯之意。我只想指出，在社團主義（corporatism）的制度邏輯下，一些沒有選委界別「代表」的公眾利益其實難獲關注；即使是一些促進弱勢權益的政策，也難透過跨界別形式倡議。最終，這個五年一次的所謂「選舉」，根本無法推動就香港社會未來發展的全局討論。

「民主300＋」中部分界別選委的倡議，固然關乎社會整體福祉，比如高等教育界關注的學術自由，都和捍衛公民自由及與善治一脈相承。但「民主300＋」原初的共同政綱，除了反對延續梁振英路線和重啟政改外，還有「捍衛核心價值」。但尚未有一個清晰的論述去說明這些「核心價值」的內涵。究竟這些價值包括什麼？事實上，並非所有「民主300＋」的成員界別均明確反對人大八．三一框架。即使不談挑戰人大權威的禁區，「民主300＋」又有無想過他們堅持的核心價值，如果充分建構一個新的社會願景呢？他們最終是要追求「可持續發展」、「社會公平正義」、「財富再分配」、「民主自決」，還是認為「新自由主義」、「休養生息」、「換走梁振英」，才是香港社會應追求和捍衛的「核心價值」呢？

畢竟，「民主300＋」本身只是一個在特首選舉中為民主派選委進行策略提名和投票平台，他們無意帶動上述辯論，其實可以理解。正因如此，民主派如派人出選特首，便有一個更積極的戰略意義，就是透過共同政綱和競選工程，向公眾勾劃一個有別於政權的形勢分析和未來發展視野，並就幾個當前最關鍵的爭辯，例如對一國兩制的定性、如何保障新聞及言論自由、陸港融合、土地問題等等提出確切的回應，並以此規劃未來五年民主運動的走向。過去幾年，有民主派元老倡議建立「影子內閣」，使能向公眾展示民主派具備執政能力、能夠團結領導群眾。惜此建議知易行難，民主派在爭取普選和人權自由以外仍是言人人殊；選舉委員會選舉期間，有候選人指出泛民選委應採取主動，提出「十大政綱」，也只是「聞樓梯響」。

「民主300＋」一直向公眾強調會審時度勢，有智慧、有策略地在特首選舉中提名和投票。最後還是不敵北京在小圈子選舉的操控能力，其心儀的林鄭月娥以七百七十七票贏得特首選舉。「民主300＋」大部分成員支持另一位建制候選人曾俊華無功而還，事後也無法總結策略，尷尬之餘，亦相當可惜。

*本文初稿撰於二〇一七年二月十六日

原題〈回應批評長毛出選的幾個觀點〉，刊於香港《明報》

泛民參選機制的盈與虧

二〇一八年初，香港舉辦了一場關乎三個地方選區和一個功能團體的立法會補選。之所以有補選，是源於二〇一六年的選舉，正在還柙監房的梁天琦因中共政權打壓而被拒參選。梁天琦其後選擇加持梁頌恆令他成功當選，但梁頌恆在宣誓釋法後和游蕙禎被撤銷議員資格，引起應屆立法會第一次新東和九西的補選。

後來，梁國雄、劉小麗、羅冠聰、姚松炎四名議員亦因宣誓釋法而被撤銷資格。在中共眼中，港獨、自決，有光譜差距，但都是「非忠誠的反對派」，和其眼中「忠誠的反對派」（例如反對一黨專政但接受基本法框架下一國兩制的安排、不認同港獨）不同。留意，這是由中共角度對民主派的理解。這理解對姚松炎可能有點無辜。姚氏和朱凱廸在城市發展、永續、環保等議題有共鳴，但在香港二次前途問題上未有強烈取態。但無論如何，這次補選，是中共打壓其眼中「非忠誠反對派」的產物。

從民主運動出發，該次補選的本來意義可以有三，一是針對「確認書」和撤銷議員資格等打壓政治異見行徑的抵抗，二是累積合作經驗，逐步建立各民主派以至本土派面對屬最大公因數的打壓之默契，三是重奪地區直選否決權。

這次補選，也可以操作為一個變相公投。全取四席的意義，可以是「反對政權剝奪異見者參選權」或「反對確認書及撤銷議員資格」這單一議題的信任票。相比起二〇一〇年五區公投運動的變相公投議題（「盡快實現真普選」），這議題其實更實在和迫切。如民主派全力助選，整合一個清晰的變相公投議題，那麼，誰人出選，本來就沒多大分別。當然，變相公投不是真正公投，民眾可能都會重視參選人的質素和能力，以及對長年參選的「老人家」不滿。但愚以為，選民是否會因為馮檢基或袁海文替補就不會投票，其實相當視乎民主派如何操作是次選舉的議程，建設能動員群眾的論述框架（motivational frame），繼而等待對手犯錯。而是次補選，就是親北京陣營和雨傘運動和DQ後，民間的民主力量直接較量的時刻。

要抓住這時機，需要擺平民主運動各方的領導組織和獲得群眾支持。初選機制，我相信是為此而設，亦是逐步建立策略同盟（Strategic Alliance）的過程。最初民主動力力邀各方包括和傳統泛民不咬弦的本土派參與初選設計，都是為了減少派系矛盾和運動內部不確定性。是次初選並非黨內初選，而是派內初選，透過建立互信取代紀律性和建立初選正當性，是可行的做法。

初選是對民主派嘗試建立民主陣營內的正當性，去參與經政權剝奪本民前和青政而懸空的議席。同時，初選已經考慮到「確認書」一張刀，且得到參與初選者接受。我用「接受」這詞，是因為我認這是妥協的結果。在民主派以至本土派充滿意識形態、形勢分析、運動策略分歧的背景下要建立互信和協調，其實相當艱難。這種艱難，亦有助政權以「非忠誠的反對派」和「忠誠的反對派」的短期策略將民主派、本土派分而「治」之。

初選機制本來是緩解民主派內部、及與本土派間張力的方案，如今成為民主派積極參與者間的矛盾的源頭。矛盾的爆發點，就是初選訂有「後補方案」（香港俗稱plan B）的制度，如果泛民初選勝選者被撤銷參選資格，則由得票第二高者補上報名參選。但在九龍西一次初選結束後，有民主派人士在社交媒體提倡不能只有跟從（初選機制）一個行事標準，要「同時考慮勝算」和「維持初選投票市民的士氣」，更直指不少市民就是不希望一位泛民元老級人士、香港民主民生協進會（民協）的馮檢基參選。儘管該民主派人士後來改口支持初選機制的候補方案，但他「不能只跟機制辦事」的觀點，就成為親民主派人士口誅筆伐的藥引。[1]我是支持依初選機制辦事的。固由於契約倫理，同時相信民主派內部的矛盾，應繼續透過各方認受的機制紓壓。一個長治久安的機制，是與政權長期鬥爭而減少火燒後欄可能性的方法。參與制度的人，要有相當的民主德性完善制度建制與實踐的過程。民主制度和民主素養是互動互補。我希望日後的選舉，仍然繼續有機會學習建立民間正當性、體現自主自治之機制。

初選各派，由本土到傳統泛民，均有參與民主動力的協調會議。但演變至今，本土派漸行漸遠、傳統泛民和自決陣營亦因初選機制，尤其是替補機制安排上出現矛盾。此中矛盾的核心之一，就是政權設下「確認書」和撤銷提名資格的兩道板斧。政權明刀明槍，憑藉其隨意的權力「格殺」任何一個、尤其屬於「非忠誠反對派」的候選人。民主運動的參與者固然要全力支持已報名參選的民主派候選人，但不考慮如何應對確認書，其實相當幼稚。初選機制，已有作出應

1 任建峰，〈一鋪過拆掉的道德高地〉載於《立場新聞》，二〇一八年一月二十二日。連結：https://bit.ly/2QskxS9。

對。應邀方案的優劣，在初選結果和往後爭議已表露無遺。

如何應對確認書，其實是對中共是否繼續大力打壓「非忠誠反對派」、以及民主運動抵抗力的評估。認為馮檢基即使得到參加初選的正當性仍無法勝出補選，關乎評估目前民主運動的實力。雨傘運動後的動員低潮仍然是常態，後來民主派和不同議題上無法有力動員群眾，亦是現實。民主運動抵抗政權和凝聚市民的能力仍在逐步恢復元氣。故此，任何可以重新凝聚市民和重整民主運動的政治機會，都是要把握得宜。二〇一八年三月的立法會補選，就被視為一次政治機會。

論者或反駁，政權一向意見接受，態度依舊，那麼變相公投，豈不只是抗議而已？那說到底，修改議事規則後的議會，民主派儘管要百倍奉還，但討價還價的能力已大不如前，議席多寡、分組否決權，都是抗議的表現。如果在選舉論壇糾纏於地區政策，就會矮化了是次補選的政治意義。不過，如果變相公投的議程打動不了支持民主的市民，那麼我們就要深刻反省、痛定思痛，因為作為組織者，絕不應怪責群眾。最終，泛民參選人在三區地區直選中僅重奪新界東和香港島兩個地區議席，輸了九龍西的地區議席和建築測量界的功能組別議席。到同年秋天另一場九龍西補選，泛民同樣敗陣。後來有學者分析，敗陣的原因之一，是年青選民投票率太低，不足以應付建制的組織「鐵票」。在初選機制的爭議和選舉結果可見，民主派最終亦無法與本土派及年青一代的民主運動新血重建合作基礎，補選也無法成為一個公投式的政治動員。

*本文初稿撰於二〇一八年三月

再思「議會無用」論

二〇二〇年八月十一日，中共全國人大常委會以新冠肺炎疫情為藉口，在特區政府宣布押後立法會選舉後，為香港作了一個「決定」：「二〇二〇年九月三十日後，香港特別行政區第六屆立法會繼續履行職責，不少於一年，直至香港特別行政區第七屆立法會任期開始為止。香港特別行政區第七屆立法會依法產生後，任期仍為四年。」

這個表面「延任」第六屆立法會（原任期為二〇一六年十月一日至二〇二〇年九月三十日）的決定，直接違反了香港《基本法》第六十九條規定，立法會議員在首屆議會後的法定任期為四年。當然，中共和港共都可以反駁人大權威至高無上，「一言九鼎」。「決定」的細節，是這延任安排不少於一年，意味香港立法會，有可能演變成臺灣戒嚴時期的「萬年國代」。

爭議的重點，除了是立法會的延任決定違憲外，就是原有的泛民主派議員，應否參與、甚至如何決定應否參與違憲的議會。

這爭議其實有助深化反送中運動的論述資源，因為這些討論幫助我們正視香港民主運動的核心張力，就是如何處理策略效益和凝聚民力的張力。正如毛澤東說過，要界定清楚爭議是人民內部矛盾還是敵我矛盾。泛民參與違憲議會與否，其實是人民內部矛盾，是運動路線、手段的爭辯，和促進運動內容凝聚力的機會。民眾關心泛民做決定方法、民眾有無份參與決定上車與否，是民主文化成熟的表現。民眾經過無大台去領袖運動和民投初選，當然希望在運動之內有更多平等的參與權。

民主運動的正當性，在於堅持民主信念、不為眼前利益妥協的道德力量。泛民參與違憲議會一定要有強力的理由、並能說服民意支持，才能令參與違憲議會者有正當性。當然，參與者要衡量個人風險、容許個人選擇，是因為參與的政治和人身安全代價極大。我的討論是建基在議員們已經衡量好個人承受能力，才去分析對參與違憲議會的看法。

這次論爭要回應的，其實是「議會無用論」。認為立法會無用的人，應該是指立法會有太多民選議員的制約，令多數民意無法透過其代議士去主導議會。但沒有此「用」，也有其他的「用」，攞文件，用官方身分見記者見外國人等，皆為「用」。即使認為議會是「廢的」，其實一定程度上都認為處身立法會，有證明「香港議會制度是垃圾」之用。所以，有無用，並非討論的核心。何況囚犯在監獄之內，都可以有抵抗的空間，問題是在於在何抵抗、如何抵抗。

「在何抵抗」的問題很有意思。凡有抗爭機會的空間，是否等於一定要寸土必爭？例如，政府委任你做政策局副局長的話，你都可以接受任命，進入體制內抗爭，政策局都可以是戰場。過去民主派不會參與選擇這做法，一來只是作政府包容反對派的陪襯品，二來會增加政府的公眾認受性。不過，過去也有民主派人士選擇加入政府，亦先後離開民主黨，例如馮煒光、張炳良、羅致光等等。所以，泛民要加入人大決定成立、二〇二〇年十月起任期無上限的立法會中抗爭的話，其實要講清楚：立法會的抗爭機會和空間還剩下多少。

民主派議員在二〇一九年反送中運動大爆發前，成功阻止審議修訂的法案委員會選出主席和召開會議，打了亮麗的一仗。不過，政府反擊的方法，就是將修訂草案繞過法案委員會，直上立法會大會排期二讀。我記得在六月十二日立法會警民大衝突之前，泛民議員皆認為今次是「終局之戰」（Endgame），明知經過數十小時的辯論時間之後，修訂一定會在親中議員的多數優勢下通過。最終修訂案無法二讀，的確是因為議會外的浴血衝突。當然，沒有議員全力阻撓法案委員會運作，也不會迫使政府「使横手」將法案直上大會；但法案直上大會後，最終又是回到街頭抗爭。

二〇一九年七月一日抗爭者佔領立法會一夜後，抗爭者都甚少關心立法會議事堂在搞什麼法案和辯論。比較有焦點的，是泛民議員在立法會內務委員會（內會）選主席時「拉布」，以及泛民議員以監察執法者行動的公職身份，上前線支援手足。而這兩個位置，後來已被抹煞：立法會主席用盡議事規則權力去禁止泛民議員主持選舉內會主席，改由親中派議員頂上；留守前線的議員們也先後以阻差辦公和非法集結罪被捕。

如今違憲議會的內務委員會（內會），仍然由泛民主派視為違反議事規則而獲選的親中派議員主持。民主派面對去年的內會，最終選擇杯葛會議。那麼，民主派是否會繼續杯葛延任議會的內會會議，還是會用盡全力阻止會議進行？既然內會運作對泛民議員來說是非法的話，那麼將來的立法會大會、財務委員會委會、法案委員會等等，也是否要全力宣示議會沒有合法性、阻止非法議會運作，即使會被撤銷議員資格或者被國安拘捕也在所不辭？不然抗爭的對象、手法、程度，是否反過來倒退了？

泛民如最終選擇留違憲議會「抗爭」，背後的考量，更多是要維持他們一直以來和中共「鬥而不破」的格局，鬥到選舉政治、議會政治終結的一日。

我何出此言呢？因為傾向留在議會的泛民議員，並無向公眾明言，倘若政權一年後仍然拒絕舉辦選舉，會否繼續留任。在違憲議會內抗爭，等於接受人大委任，願意陪人大的違法決定起舞，一定不會是尋求「魚死網破」的「破局」者。畢竟，以破局和攬炒為抗爭路徑者，既不會選擇留在違憲議會，即使有心也會被政權吊銷參選資格。

選擇「鬥而不破」是選擇民主運動路線的問題。某程度上是走主權移交初期傳統泛民和政權「又傾又砌」的道路。如果民主派議員並非尋求「鬥而不破」的話，應該可以放膽公開表示延伸任期的立法會是非法的議會。但她們沒有這樣做，當然是擔心會短時間內被政權撤銷議員資格、甚至被警方以國安法拘捕。我認為這個擔心是有理由的，因為主張「破局」和全面退出違憲議會的人，也沒有講清楚，在「魚死網破」之後，民主運動應該如何走下去、如何推動體制外抗爭。

「鬥而不破」的關鍵是「不破」。這進路用實質的行動，拒絕否定違憲議會的正當性，例如參與審議財政預算案、法案、在這些項目投反對票，變相接受遊戲規則。未來一年或以後當然有相當多的惡法。但事實是惡法目前的議會體制下一定可以通過。民主派在議會可以為運動貢獻的，除了在有限的時間下無懼被捕、以肢體阻擋會議外，只剩下維持抗爭的熱度。那要問的，是民主派議員在違憲議會，能否促進運動整體的士氣。等於二〇一〇年政改方案的爭議，民主黨和終極普選聯盟的一班支持民主的學者，力陳民主黨和北京妥協換來的超級區議會方案有多少策略紅利，有多值得泛民支持者認可，但民主黨支持方案，換來了泛民政黨和公民社會活躍組織之間的大撕裂，加擊民主運動的士氣和團結。

「鬥而不破」的尷尬，是議員們抗爭的決心和力度畢竟不會去到盡。民間有聲音不相信現屆議員有抗爭的決心，那和違憲議會有多少空間抗爭毫無關係。當議員無法令選民有信心，首先應該做的應是尋求建立共識的方法。

延續運動也好，議會有用無用也好，有主觀意志和客觀機制的條件局限，最終的選擇，也要取決於運動的公意。主觀意志視乎參與者個人的能耐、專長、合群程度、心理質素、可負擔的風險和修養等等。每人都是不同的獨立個體，不必強求其力、苛求其志。但客觀機制是凝聚個體和群體推進、守護運動的條件，無論是宏觀的決策，抑或是微觀的操作，有例可循，有跡可尋。民主運動要民主，其實是減少朋黨和運動主體的不協調，例如二〇一四年民間舉辦「六・二二」公投，選擇傳統泛民支持的真普聯方案比學生領袖提出的方案為多；二〇二〇年初選，自稱抗爭派的參選人得票比傳統泛民佔優，輪流轉是正常，有互相尊重和認受的機制就可持續。旨在延續運動、鞏固運動催生的客觀機制，是支持有主觀意志參政的運動者的一個強大後盾。二〇一八年，民主派和本土派嘗試協調一個初選機制，希望令民主派的決策更民主，然而，初選機制雖然協商出民主派在立法會補選的參選人，但傳統泛民和本土自決派的新興陣營仍然難解積怨，直到反送中運動才把暫時放下這些矛盾。

如果泛民要建立一套客觀的決策機制，至少有三個方法：民調、電子投票、民間議會，可以三軌並行，比例可以商討。香港市民相信鍾庭耀主領的民調和公投機制，公信力毫無懸念，亦是讓運動內不同派系動員比拼的過程。民間議會，可以是初選勝選者和現屆立法會民主派議員的溝通平台，相信應能服眾。要留意的是，服眾是指支持運動的社會大眾。黨派存亡，並非民眾關心的事，反正「一雞死一雞鳴」，何況初選已實質完成了議會抗爭的世代交替。民調、電子投票、民間議會是延續去領袖運動的決策機制，亦是保持傳統泛民、新世代、社會運動和市民的凝聚力之途。沒有共識建立和決策機制而先作決定，再單方面要人支持，將會令運動內部派系爭議永無寧日。

無論結果如何，參加與不參加違憲議會者應以維持運動團結為基礎。維持團結不是要你支持或反對參加違憲議會，而是建立機制，約法三章，保障內部競爭適可而止，不會促成運動分裂。反送中運動面對國安法的打壓，只會轉型，不會消亡；但參與港版「萬年國代」抑或全力建設香港體制外的「黨外運動」與否，就會直接影響運動的路徑和凝聚力。

*本文初稿撰於二〇二〇年八月二十日

原題〈違憲議會的尷尬 決策機制的重要〉刊於香港《立場新聞》及《眾新聞》

選舉觀察與鞏固民主

觀察選舉的國際準則

在二〇二一年中共通過香港的「新選舉制度」後，社會大眾冷淡應對，其實是對政權張牙舞爪，肆意改變遊戲規則的做法厭倦非常，加上國安法後「時不與我」，所有直接和選舉政治有關的行動如組黨、參選等，稍不留神，就會成為涉嫌違反國安法、顛覆政權的被打擊對象，參與選舉政治的司法、經濟和社會代價是主權移交後的新高。不過，香港人在極度不利的大環境下，對維護公平正義的選舉並不必然是無能為力；只是我們可能要還原基本步：選擇在新遊戲規則下「陪跑」以外，留在建制外，檢查、觀察遊戲規則本身，已經是一種有意義的參與。

公民社會如何維護選舉公正（electoral integrity），是選舉研究以至現實民主政治的一個重要課題。筆者在二〇一九年九月和幾位學界前輩及公民社會同道組成「選舉觀察計劃」（Election Observation Project），就是為了考證選舉由提名期、競選期、投票日以至其後在哪些環節違反國際標準，再深究其成因，向香港政府及國際社會提出改革建議。[1] 畢竟，二〇一九年的區議會選舉，在反送中運動的浪潮中舉行。選舉除了是香港公民社會對抗政權的戰場之外，亦是國際社會考察香港剩餘多少民主自由的焦點。公民社會組織在堅持反送中運動的五大訴求和支持前線抗爭外，也能負起監察制度、維護法治的角色，以各種和平、理性和敏銳的方法，盡力確保現有的制

[1] 選舉觀察計劃專頁連結：www.hkeop.hk

度和行之有效的程序不再沉淪，維持其公信力，保障公民在體制內參與政治的空間。

選舉觀察的國際標準，其實大同小異，最重要是保障選舉是自由和公平（free and fair election）。舉例來說，歐洲安全與合作組織轄下的「民主機構與人權辦事處」出版的《選舉觀察手冊》，綜合一系列衡量選舉是否民主的標準：

- 尊重公民參選權、尊重成立政黨的權利，及其在法律和政權前均有平等待遇的權利；
- 保證政治選舉工程不受行政機關、暴力和恐嚇阻撓；也保證候選人、所屬政黨或選民不受被報復而阻撓，令選舉工程可以在公開、公平的氣氛下進行；
- 保證投票以不記名方式進行，點票過程和報告誠實，點票結果展示公眾；和
- 保證獲得足夠選票當選的候選人能獲得議席直至任期完結。[2]

另外，《歐盟選舉觀察手冊》關注的選舉公正議題，不止於選舉制度和投票過程是否公平公正，更包括對象國家的政治形勢、法律框架、選舉行政、選民登記、參選人報名、競選活動、傳媒行為、網上競選內容、選舉投訴與呈請、人權原則（例如女性、傷健人士和少數族裔的參與程度）、公民社會角色、投票日運作、選舉結果，以及選舉後形勢等等。[3]

其中，選舉管理機構是否專業和公正，往往是選舉觀察者的疑問。第二屆亞洲選舉持份者論壇共識得來的《民主選舉指標》就指出，要判斷選舉管理機構的質素，就要注視以下四方面：

---

2 <https://bit.ly/2QY9S1e>

3 <https://bit.ly/3enpGTu>

・選管機構是否獨立和中肯。例如委員是否經公正和具透明度的程序產生、職員是否具備充分訓練和資源，不偏不倚任何黨派地履行職責；

・選管機構在選舉前的準確工夫是否有效率和透明，包括選民登記制度、投票站的地理位置和各黨派代表在準備選舉和投票期間有多大空間參與選舉觀察等等；

・選管機構就投票日的投票方式、票站管理和運作是否已充分預備，毫無暇玼；

・選管機構在點票後是否按時公佈投票結果。[4]

用以上標準審視香港的選舉管理委員會（選管會），至少在頭兩點已碰壁。選舉觀察計劃曾去信香港選管會主席馮驊法官和全港十八區的選舉主任，要求對方解釋撤銷參選人資格的準則和原因，以及當參選人拒絕簽署二〇一六年增設的「確認書」，會否增加被撤銷參選資格的風險。然而，我們在區選提名期結束前一日收到選管會的回應，一方面指出，有意參選人和選舉主任可以經一提名顧問委員會尋求意見；但另一方面，選管會又表示提名顧問委員會不會參與選舉主任的決定，也不會為其決定提供任何意見，更列明不會就選舉主任確認參選人提名是否有效提供指引。總言之，選管會就是實際上任由選舉主任決定參選人的提名資格。

自二〇一六年的立法會選舉起，香港市民愈來愈注意到，選舉主任以政治聯繫或主張為由，宣布參選人提名無效而撤銷參選資格的權力相當隨意，但選管會從不表態。再者，十八區的選舉

4 <https://bit.ly/3ewGsPY>

主任運用酌情權處理參選人提名準則不一，無可依循，結果是令選舉公正受損。例如，有部分選舉主任要求參選人解釋她們如何解讀「光復香港、時代革命」，但其他選舉主任卻沒有這樣做。有選舉主任花了超過三星期決定候選人的提名是否有效；直到今日，仍有一位參選人仍未被確認提名是否有效，其所屬選區需要延後抽籤候選人編號。故此，選舉主任就成為參選人眼中的「劊子手」，擁有篩選政治異見的政務專員。選管會有法定權力去確保選舉在公開、公平和誠實的情況下進行，豈會無責任為選舉主任提供如何行使其權力的指引和建議？

另一個國際慣常的選舉觀察焦點，就是選舉暴力。選舉暴力包括在選舉過程和競選期間發行的恐嚇、威脅、襲擊與選舉有關的人和破壞相關物品或建築，繼而影響選舉過程和結果。選舉暴力，可以在選舉前、投票日以至投票後發生，尼日利亞近年大選衍生的暴力衝突就是一例。然而，國際組織觀察選舉暴力的態度，並非僅看表面和單次性襲擊事件般簡單，它多從一個完整的角度，扣問選舉暴力的根源。比較研究往往發現，催生選舉暴力的條件，包括執法部門偏袒某一政治陣營、法治制度虛弱，公權力不受制約、政治和選舉制度及法律不公義、社會懸而未解的矛盾等等。換言之，選舉暴力不只是刑事問題，更和進深一層的政治矛盾和制度有關。

聯合國「發展計劃和歐洲委員會」建議，政府要預防選舉暴力和衝突，斷不能靠刺激矛盾的高壓手段，反而是要盡早和各方選舉持分者透過協商仲裁，尋求維持大選繼續有效舉行的共識，透過改善選舉制度、管理和操作，撫平各方不滿；同時以官方名義邀請海外專家來觀選，增加公眾的信心和選舉的認受性。[5]

民主政治，本來就是要透過一個具有公信力、公正不阿和公平競爭的制度，讓公民以和平而非訴諸暴力的方式處理政治爭端，重建社會契約，體現人民作主。建設民主政治，需要整體多面的視野。社會大眾除了直接針對憲政和選舉制度改革以外，也不能忽視每一個影響選舉公正的細節。確保選舉公正，政府固然要負上最大的責任；但一個有公信力和有效的民間選舉觀察，就能發揮實證監察和輿論制衡的作用促進善治。一些跨國選舉觀察組織，往往招募不同專業人士，組成團隊到進行大選的地方實地觀察，以不偏不倚的態度考察選舉過程和制度運作的優劣，從而增加組織的公信力。如果香港人有機會參與選舉觀察者，無論是自發抑或有系統地參與，也要積極在大選期前、競選期間、大選日、點票時間和選後形勢作一絲不苟的觀察和記錄，推動實證為本的公民參與之餘，也為香港選舉運作孰優孰劣留下一個民間記錄。

*本文初稿撰於二〇一九年十月二十八日
原題〈選舉觀察的國際標準〉，刊於香港《明報》

[5] European Commission and United Nations Development Programme (2011) *Summary Report of Thematic Workshop: Election, Violence and Conflict Prevention.* <https://bit.ly/3vet9KS>

選舉管理機構與選舉公正

有關選舉公正（electoral integrity）的跨國研究均發現，選舉管理機構（electoral management bodies）的組織架構是否獨立自主、管理選舉的能力是否充分，以及機構的行政文化，相當影響它保持選舉公正的力度。不過，正如學者Pippa Norris所指，以這些簡約標籤作選舉公正的標準，只會令分析流於表面。[1]首先，所謂組織架構獨立自主，並非單純指選管機構是否一個獨立於行政機關的法定團體。它形式上獨立於政府運作與否，其實和選舉公正無必然關係。事實上，阿富汗、剛果民主共和國、肯尼亞和伊拉克均有「獨立選舉委員會」，但它們的選舉往往充滿政治衝突，選舉工作人員的中立性亦備受質疑。相反，儘管瑞典和挪威的選舉由公共部門負責管理，但公務員和選舉工作人員不偏不倚的優良傳統深入民心，足以保持選舉公正。所以，要衡量選管機構能否為選舉公正把關，需要走進細節，比如是選管機構內部組織設計、人事編制、權責、財政資源和工作氛圍文化等，且要尋根扣問，探究選管機構成立緣起，因為法定選管機構得以成立，多數是前朝殖民或專制遺產，或者政權或政黨角力的結果，甚至有國際因素左右。

---

[1] Norris, Pippa (2019)"The New Research Agenda on Electoral Management", *International Political Science Review*, Vol. 40（3）, pp.391-403.

Norris亦提醒關注選舉公正者，要明白選舉管理機構並非唯一參與治理選舉（electoral governance）的單位。選舉不公，往往超越選管機構的法定職責。立法機關通過限制個別政黨或人士參選的法例、政府以法律或政策收窄新聞自由，以及執法部門無法保護候選人或選民免受威嚇等等，皆破壞選舉公正，選管機構卻無計可施。而且，公眾對選舉制度及其運作的觀感，亦是選舉是否公正的指標。即使專家們認為選舉制度合乎國際標準，倘若民意對選舉制度無信心，選舉的公信力亦會受損。

在香港，負責公開選舉的機構是選舉管理委員會（選管會），它是「一個根據《選舉管理委員會條例》，於一九九七年成立的獨立、公正和非政治性的組織」（選管會網頁）。不過，選管會本身，在多大程度上真的是一個獨立、公正和非政治性的組織？選管會能夠促進選舉公正，抑或是妨礙選舉的公平和自由？

我們先看看選管會的組成與職責。選管會的網頁指，選管會標榜自己是一個「獨立、公正和非政治性的組織」，但選管會的成員，皆由行政長官任命。儘管委任為選管會主席的人必須是高等法院法官，委任之前特首亦必須諮詢終審法院首席法官的意見，但並非民選產生的特首有最終任命權，乃是法定的事實。[2]根據法例，選管會的職能大體上只是一個管理選區劃界、選舉程序公正和推廣選民登記的機構，它沒有任何權力去檢討選舉法例是否公平公正和自由，也不會檢討選舉制度

[2]《選舉管理委員會條例》第3（1）及（2）條。

和操作實質上是否符合國際人權標準。當選管會強調其目的是確保選舉「公開、公平和誠實」時，它就注定是一個側重形式（formality）的官僚機構。國際選舉公正的核心信念，強調選舉公平和自由。香港選管會忽略「自由」此一價值，就是變相迴避選舉制度本身存在政治不平等的缺陷。

例如，去年選管會回覆筆者所屬的「選舉觀察計劃」查詢時表明，不會就選舉主任確認參選人提名是否有效提供指引，任由選舉主任決定參選人的提名資格；其後選舉主任宣布區議會參選人之一黃之鋒提名無效。[3]當參選人會因其政治信念而被核實提名無效而失去參選資格、政黨會因其主張而被取締，這個選舉何來公平自由？選管會顧左右而言他的態度，反映它在維護選舉公正的能力實在薄弱。

選管會能否確保選舉工作人員不偏不倚，亦是選舉是否公正的指標。在二〇二〇年四月，有人在社交媒體上載一份懷疑出自警方內部的文件，內容為警方招募警務人員擔任今年立法會選舉工作人員，列明若警察擔任投票站主任，須具總督察／高級督察資格。[4]公眾觀感絕對影響選舉的公信力。二〇一九年末的一個民意調查顯示，警隊在九個紀律部隊當中評分最低，一百分滿分只得三十五・三分，當中有百分之四十的受訪者給予零分，滿意淨值為負三十八個百分點。[5]自

---

3 選舉觀察計劃，《2019年區議會選舉中期觀察報告》，連結：https://bit.ly/3aBUleu。

4 連結：https://bit.ly/3aEorOO。

5 眾新聞記者，〈警隊滿意度再跌　僅35.34分、4成人給0　紀律部隊受拖累下跌〉載於《眾新聞》，二〇一九年十二月六日。連結：https://bit.ly/2QSy0Th。

爆發新冠肺炎以來，警隊容忍「撐警人士」違反限聚令集會，對參與商場「和你Sing」的市民就迅速拘捕，反映警察整體對反政府人士的偏頗態度，社會對警隊執法雙重標準的觀感就更深。如果上述文件為真，只會進一步削弱香港選舉的公信力；何況警務處是執法機關，警務人員擔任選舉票站工作人員的話，只會更惹來公眾疑慮。

民主社會下的選舉管理機構，應以開放的態度，和非政府組織，共同檢討選管會的組成辦法、法定職能及權限，以及支持民間組織監察選舉過程和觀察執法者如何維護選舉公正，增加選管會的公信力。[6]因此，香港的選管會本應大刀闊斧改革其職能和地位；政府拒絕改革的話，亦應盡量做到包容底選舉治理（inclusive electoral governance）的模式，致力和國際以及本地的選舉觀察團建立伙伴關係，令選舉制度和程序更透明、公平和向公眾負責。可是，在二〇二〇年選舉制度大變後，選管會在管理選舉提名、參選等權力再度大幅削弱：在由國安部門主導的資格審查委員會橫空出世後，選管會的提名顧問委員還有什麼角色？選管會主席必須是高等法院法官的規定，在幾乎全面排除司法系統制衡的新選制下，對法官們不是一個笑話嗎？

*本文初稿撰於二〇二〇年五月十九日

原題〈立法會選舉公正，由關注選管會做起〉，刊於香港《明報》

[6] 可參考選舉觀察計劃，〈回應選舉管理委員會2020年《立法會選舉活動建議指引》意見書〉，連結：https://bit.ly/3sIkBu4。

觀察初選的實驗

俗稱民主派初選的「民主派35＋公民投票」在二〇二〇年七月十一至十二日，動員超過六十萬選民投票，完成了一次香港民主運動史的創舉。民間投票雖然沒有官方認受性，但在缺乏真正民主普選的香港，民間公投早已成為市民主動參與政治的一個方式。

過去十年，公民社會為民間全民投票作出三個嘗試：（一）二〇一〇年五月、以議員五區總辭引發補選促成的「變相公投」；（二）二〇〇七年、二〇一二年和二〇一四年由學術機構主辦的電子及實體全民投票，讓已成年市民就特首選舉和政改方案表態；（三）二〇一七年和二〇一八年、由民主派協調機構主持、為協調個別地區補選初選人而設的初選機制。

至於今次的民主派初選，可算是第三個嘗試的延伸，但它比過去初選突破之處，在於它是首個涵蓋立法會選舉所有地方選舉以及兩個功能界別選舉的民間投票，讓市民到實體票站投票選擇民主派在各區的初選名單，協助民主派在正式選舉進行策略投票。同時，它的動員力是前所未見。二〇一九年的反修例運動促成民主派在區議會選舉大勝，囊括超過八成五的議席；運動又催生了「黃色經濟圈」，成為本地商界新興的抗爭網絡。區議員和不少黃店東主紛紛開放超過兩百個辦事處和店舖作投票站，方便街坊街里參加，令民主派初選成為一場「貼地」的政治動員。

筆者有份參與的「選舉觀察計劃」，受香港民意研究所（香港民研）委託，觀察後者執行的民主派初選，並為其撰寫觀察報告。[1] 我們早在二〇一九年已積極觀察區議會選舉是否公正。對我們來說，觀察今次民主派初選意義重大，一來全港民間初選是香港史無前例的選舉活動，二來它為我們提供了一次實驗民間觀察選舉的機會。

選舉觀察計劃有別選舉管理委員會一味強調選舉只需要「公平、公開及誠實」，而是依據聯合國、歐洲理事會、歐洲安全與合作組織及亞洲選舉持份者論壇對公民及政治權利及選舉公正的準則，總括出觀察香港選舉的四個原則：

（一）自由：一個自由的選舉，需要保障參選人和選民的表達自由、結社自由、集會自由。因此，政治選舉應該是一個多元開放的平台，讓抱持不同政治主張的市民參與政治；選舉制度亦不應以政治主張和信念為由，篩選任何參選人；選舉活動和投票亦不應受到任何形式及實質的干擾。

（二）公平：一個公平的選舉，應由一個獨立而不偏不倚的選舉管理機構主持；提名、競選、投票及票站運作過程必須保障每位參選人和選民能夠公平競爭和投票。

（三）誠實：一個誠實的選舉，應確保所有參選人依從選舉法例和規則從事競選工程，亦絕不應以任何方式破壞選舉廉潔。選舉管理機構應公開和透明地發佈所有和選舉有關的資訊，包括選舉法則、提名、投票、點票程序等；在確保投票系統的資訊保安同時，

1 選舉觀察計劃，《民主派35＋公民投票觀察報告》。二〇二〇年七月二十三日，連結：https://bit.ly/3dLhtt1。

盡可能開放公眾參與觀察投票和點票過程。

（四）健康：鑒於新冠肺炎傳播特性及嚴重性，主辦單位和參選人應確保選舉活動和投票過程不會成為傳播病毒的溫床，在場地佈置及票站運作安排做好安全措施，讓主管和執行選舉的工作人員及選民放心參與選舉活動和投票。

我們在初選之前，培訓了超過二百名觀察和監察人員，支援他們在初選進行期間，到全港各區觀察投票過程，尤其關注票站運作和投票流程是否暢順、候選人拉票是否公平合規、工作人員和傳媒有否受到妨礙、防疫措施是否充足等等。最終，我們在初選兩日觀察了超過九成的投票站，蒐集了超過二千三百份實時觀察報告，即平均每個票站每兩小時提交一份報告。

按我們的觀察，主辦單位在維護自由選舉上，比特區政府做得更好。前者並無如特區政府一般，審查報名參選人的言行和政治主張以決定其提名是否有效，貫徹平等參政的國際標準，保障每位香港市民平等的參選權，是維護選舉公平自由、讓香港民主實踐重回正軌的做法。我們亦透過七項「投票公正指標」——包括「自由指標」、「公平指標」、「和平指標」、「認可選舉觀察指標」、「票站安排指標」、「紙本投票站指標」和「健康指標」——審視民主派初選是否做到公正選舉。報告結果顯示，評估初選投票公正擬定的三十三個項目，二十二個的表現被評為令人滿意，五個的表現整體良好，在自由、和平及接受選舉觀察這三大準則方面尤其成功。

不過，儘管主辦初選的機構致力保障選舉公正，但公權力在今次初選，就不斷發揮破壞選舉公平自由的角色。政府當局在初選之前，多番試圖阻止民間投票發生，其實是干預主辦機構舉辦的民間活動選舉、參選人和選民投票的自由。上星期，民政事務局表示，根據區議員的操守指引，區議員不可用營運開支和區議員辦事處，用作與區議會事務無關的用途；房屋署和一些私人屋苑管理公司亦向區議員發信，指租約條款訂明「除開設議員辦事處外，不得在該樓宇內外任何地方從事或容許他人從事其他行業、職業或業務」。然而，區議員辦事處本來就是當區居民的服務點，如果協助市民進行電子投票並非履行區議員服務市民的一部分，那為何開班教授使用智能手機、派發私人機構捐贈的餅糭也不算違規呢？

至於並非執法和檢控部門，又非港區國安委成員的政制及內地事務局局長指組織、策劃及參與初選活動，或違反《港區國安法》；到了初選前夕，警方持手令到設計初選投票系統的香港民研辦公室，表示要調查有指警員資料外泄、涉嫌「不誠實使用電腦」的案件搜查，更一度指要檢走所有電腦。局長和警方刻意選擇在初選前夕搜查香港民研設施，只會予人刻意打壓民間初選活動的觀感。

不過，如果當權者的目的旨在阻嚇市民投票、降低投票率的話，投票結果可算是弄巧反拙，「奸有奸輸」。香港公民社會過去十年舉辦的民間投票從未視為刑事罪案，坊間認為當局言行反而刺激市民投票意欲，成為助攻的手足，實在不無道理。誠然，社會兼容並蓄、行之有道，自然衝突減少，也無需憂慮國家安全。但中共和港府事後接連炮轟初選是有組織的非法操控選舉行為，二〇二一年一月六日，就以「煽動顛覆國家政權」為名，拘捕五十三名籌辦和參選初選的民主派人士；再在新選舉制度下規定香港政府要立法制止一切「操控和破壞選舉」的行為。之後連觀察選舉也可能要面對「國安無上」的威脅。

該次香港公民社會舉辦和觀察全港規模的泛民初選，可謂開創先河的第一次實驗，但也不幸地成為香港最後一次最公平和最自由的民間選舉。

*本文初稿撰於二〇二〇年七月十三日

原題〈觀察民主派初選的意義〉，刊於香港《明報》

以抗疫為由押後選舉的盲點

在香港搞選舉，除了要面對被政權以政治主張為由「DQ」，即撤銷參選資格帶來的不公義外，也要面對另一種不義行徑，就是蓄意延遲選舉。

建制派元老曾鈺成公開指政府因應疫情，應將選舉起碼要延後一年；他認為押後選舉有充分法理基礎，一來特首未指明新一屆立法會會期何時開始，二來選出新一屆立法會前，特首可按《立法會條例》第十一條召開緊急會議，彌補「真空期」。

不過，若仔細考究香港的《立法會條例》，應發現該例第七條已明言：立法會解散後的三十天內，行政長官必須指明舉行換屆選舉的日期，日期必須是在立法會解散日期後的三個月內。何況《基本法》第六十九條亦清楚表達，「香港特別行政區立法會除第一屆任期為兩年外，每屆任期四年。」如果特首將下屆立法會會期訂於一年之後，期間又不斷召開緊急會議，一方面與《立法會條例》第七條相違，另一方面則等於實質延續上一屆立法會議員的任期，違反《基本法》。當然，特首可以任意運用《緊急情況規例條例》修訂甚至暫停任何成文法則，但法理基礎絕非延後選舉的理由，它只是延後選舉的手段；押後與否，最終亦只是一個政治決定。

如果政府押後選舉是基於保障公共衛生、防止傳播肺炎病毒，理由實在站不住腳。香港的醫學專家已指出，二〇二〇年暑假爆發新一輪疫情，肇因豁免檢疫的來港人士；政府不停止豁免，容許缺口張開，反而執意押後選舉，又豈能取信市民？而且，專家亦指目前肺炎患者群，未見有來自參與民主派初選「排隊投票」者，出事的反而是參與慶祝香港「回歸」酒樓宴會的人。

有本地網媒引述美國約翰霍普金斯大學（The Johns Hopkins University）的數據，發現大部分國家除了美國，皆在新增個案數目持續向下一段期間後才舉行選舉。但新增個案數目是否繼續上升，端賴防疫工作是否有效，押後選舉只是防疫工作不足應付疫情爆發的無奈結果。既然政府已要求強制室內室外戴口罩、全日禁堂食等新措施，我們自然要觀望疫情是否受控。以目前情況來決定押後選舉，並非有理有據。

如果未來數周疫情仍然處於高位，那麼將選舉延後一至兩周，未必是個壞選擇。但如依曾鈺成之法延選一年，做法實在不符比例（proportionality），亦只會再一次突顯政府輕視民主。當局繼續容許經濟活動，沒有強制要求僱員在家工作，亦無全面封關「斬斷」豁免檢疫的海外來港人士，卻停止民眾行使法定的政治參與權利，是不相稱地（disproportionately）阻礙民主選舉和民眾參與公共事務。如果延選一年，以「緊急會議」或盛傳的「臨時立法會」去取代經法定選舉產生的議會處理立法會事務，其實是越俎代庖，因為上一屆議員的民意授權本已結束，民眾亦無法透過選舉收回其授權。這種實質性的「政治續命」，等於臺灣戒嚴時期的「萬年國會」，在未辦理次屆選舉前，大法官竟裁定繼續由第一屆選舉產生的立法委員行使立法權，變相無限期當權，直至一九九九年方結束這荒謬的安排。

說到底，延選與否，不只是觀乎外力因素，而是政府對民主政治的承擔。二〇一四年，伊波拉病毒肆虐西非，但利比里亞共和國（臺譯「賴比瑞亞」）同年要舉行大選。利比里亞飽經內戰，政府當然希望透過民主選舉以和平方式處理衝突，卻遇上這公共衛生危機。利比里亞總統面對疫情，其實在將選舉順延兩次，但他最後亦有勇氣作出決定，堅持大選在同年舉行。究其原因，在於民主選舉是保障政府繼續有民意授權運作和保持國家和平之道。選舉最終成功舉行，亦未引來更大規模的疫情，是因為選舉工作人員積極和當地衛生部門及國際專家合作，保持投票人士的社交距離、修改投票程序、確保定時更換填寫選票的文具、控制排隊人流，並在選舉前進行大規模的公共衛生運動，鼓勵國民改變衛生習慣等等。[1]

利比里亞政府有決心繼續選舉，是相信民主選舉能維繫民心和有效管治：在疫情期間，政府權力集中在行政部門，甚至能行使強大的緊急權力，選舉正正是同時保障國民民主權利的方法；在國家危機之中堅持選舉，亦是讓政府重新得到民意授權，強化公眾對政府的信任、確保官員問責。利比里亞選舉的教訓，是要盡早計劃好疫情之下的選舉安排，選舉管理機構要密切和公共衛生部門、執法部門和其他持分者合作，並爭取政治共識，在計劃過程，要保持公眾透明度，讓大眾明瞭改變投票程序的理由。

大流行疫情不等於政府管治危機，可以是考驗政府對民主選舉作為公眾利益的承擔。不過，要一個並非民主選舉產生的政府去堅持民主、正常舉行選舉，可能是緣木求魚。但公民社會成功

[1] Banbury, Anthony (2020)'Elections and COVID-19 - What We Learned from Ebola', Devex, 8th April. <https://bit.ly/3tSsJtl>.

舉辦「初選」，且有近八成票站做足防疫措施，政府斷無可能做不到。政府應做的，是責成選舉管理委員會做好防疫工作，同時建立政治共識。選管會一直都自我矮化為一個單薄的「獨立」選舉行政機構，但《選舉管理委員會條例》從無禁止選管會和持份者商討意見和建立選舉安排的共識，亦無禁止選舉積極向公眾交代投票日的防疫安排，包括會否增加票站數目、延長投票時間、票站工作人員有無公共衛生培訓、以至中央點票中會否沿用目前作為檢測中心、並有可能成為隔離中心的亞洲博覽館等。

香港至今無法民選特首，立法會選舉就是民眾透過選票，表達是否信任特區政府和建制派管治的唯一出路。但最終，香港政府決定以行政長官的緊急權力押後選舉；中共全國人大常委通過決定，延長現屆立法會任期「至少一年」，成為破壞選舉公正、建立港版「萬年國代」的「決斷權威」和「法理基礎」。政權食髓知味，翌年通過新選舉制度後，再次將立法會選舉由原訂的九月延遲到十二月才舉行。觀乎政府往績，屆時是否真的有選舉，也只能保持觀望態度。

西諺有云，「遲來的公義就是不公義」，想不到能套用在押後立法會選舉上。

*本文初稿撰於二〇二〇年七月二十八日

原題〈做好防疫工作，何須延後選舉？〉，刊於香港《明報》

境外投票與操控選舉

特區政府在押後二〇二〇年立法會選舉後就不斷放風，明示暗示會提交修例草案到人大委任的立法會，容許居住在中國內地個別城市和大灣區的香港合資格選民在大陸境內投票。

在大陸境內投香港選舉的票，對香港來說等於是「境外投票」（external voting）。根據國際民主與選舉援助學院（International IDEA）二〇一八年的統計，全球兩百一十六個國家之中，只有五十五個沒有境外投票制度；有一百〇九個國家設置海外選民親身到領事館或大使館投票的票站；五十一個國家提供郵寄選票；二十一個國家容許授權票；其餘國家甚至有電子投票或傳真投票等。[1]

International IDEA早在二〇〇七年已出版一份報告，比較研究全球兩百一十四個國家或地區選舉境外投票制度的利弊。報告精警地總括境外投票制度有五個意義：

（一）實現普及和平等的選舉，保障境外選民行使其投票權及相關的政治權利；

（二）維護人人平等的法治精神；

（三）實質增加境外選民以至整體選民的政治參與，俾能說服大眾，撥出資源創立境外投票

[1] 連結：https://bit.ly/3np7UTV。

制度有必要性；

（四）強化民主制度的正當性和公信力；以及

（五）有效促進民主鞏固（democratic consolidation）的進程。[2]

但該報告亦指出，民主政府設立境外投票，均要面對三大難題。首先，有論者質疑，儘管每國公民都應享有平等的政治權利，但長期居住國外的選民，是否可以持續以選票影響其原住國的代議政制卻是個疑問。畢竟，原住國的政府或議會主要為本國選民謀求福祉，與境外選民的關係疏離。可是，這種看法似乎忽略了一個事實，就是境外選民基於其原住國公民身份所得的權益，始終受到原住國的法律和政策影響，例如入境、課稅、以至子女後裔的身份地位等等；境外選民的福祉，亦受原住國所影響。

境外投票製造的另一個選舉公正問題卻嚴重得多。執政黨可以利用海外支持者選民的優勢，增加繼續掌權的籌碼，故而修例容許海外投票。這情況通常有兩種做法，一是直接容許海外選民在按原住選區投票，或是專門為海外選民新增議席。例如九十年代，仍處於南斯拉夫內戰的克羅地亞，總統 Franjo Tudjman 利用海外克羅地亞人的民族主義情緒，和執政黨「克羅地亞民主聯盟」（Croat Democratic Union）通過新選舉法，在國會增設十二個「境外議席」，讓境外選民投票。結果，在一九九五年的選舉，境外議席全數歸執政黨所有，保住執政黨在國會的多數地位，

[2] Ellis, Andrew et al. (2007) *Voting from Abroad: The International IDEA Handbook.* International Institute for Democracy and Electoral Assistance. <https://bit.ly/3gCNK7A>

但同時惹來公眾輿論和法律界大肆抨擊新選舉法製造不公和偏袒執政黨。後者迫於壓力，在四年後和反對派合作再次修例，將境外議席的數量改為按境外有效選票和本國有效選票的比例分配，方能獲得公眾取信選舉較為公平公正。

境外投票的第二個難題，就和海外組織選舉投票——包括保密海外選民登記資料、維持公平競選、投票和點票過程透明等操作有關。境外投票有可能受到親執政黨的外部勢力或黑幫滋擾和威嚇選民、甚至破壞選舉。原住國如何跨境執法，抑或和其他國家合作，問題就相當複雜。最後一個難題，是當出現選舉爭議，例如發現問題選票或賄選時，原住國的選舉管理機構、執法和司法機關如何在不屬當地司法管轄區的情況下應對。

設置境外投票的國家面對第二和第三個難題，往往要靠和外國政府及相關機構達成協議，確保後者保障舉辦境外投票順利，包括保障和協助選舉工作人員、選舉觀察員、候選人、政黨及選民的行動自由和參與權利，選舉文宣及選票入境不受限制，協助在當地招聘票站職員，提供足夠保安，分享情報以堵截選舉舞弊等等。從國際慣例而言，如果缺乏民主選舉經驗的國家需要舉辦或接辦境外投票的話，非政府組織或國際官方機構亦能以第三方角色居中協調和執行境外投票程序，例如國際移民組織（International Organisation of Migration）曾為波斯尼亞和黑塞哥維那、東帝汶、科索沃和阿富汗等舉辦大選的國家或地方協辦境外投票，同時保障選舉公正，免受接辦境外投票的國家政治勢力干預。

總而言之，境外投票是為了令選舉更民主的制度，其制度精神是出於保障選舉正義和維護所有選民的權利，而非讓執政黨藉此濫權。否則，增設境外投票反而會損害選舉公信力，成為破壞民主的推手。

香港特區的立法會選舉，本來就充斥不少破壞選舉公正的細節：功能組別設有公司票制度、選舉主任可任意宣布參選人提名無效、為公眾及傳媒查閱選民登記冊設關卡、在地方選區及功能團體組織種票、拒絕賦予選舉觀察員法定地位等等，以至今次政府宣布以行政緊急權力押後大選，和威權政府控制選舉結果的手段一脈相承。選舉管理委員會配合政府藉疫情為由推遲選舉，政府其後卻大搞更容易傳播病毒的全民檢測，兩者有心舉辦公正選舉的公信力已所剩無幾。選管會過去一味強調會公平、公開和誠實舉辦選舉，但選管會在中國大陸沒有法定地位，即使退一萬步接受選管會組織選舉的標準，又如何監督大陸境內的境外投票？

特區政府執意要推行中國大陸特享的境外投票制度的話，等於將香港政治權利有等差的操作再上一層樓：一等公民能夠投票選特首，二等公民住在香港和中國大陸，可以投票選立法會議員，三等公民住在香港和中國大陸以外，連投票權也沒有。政府如果在未來的時間，繼續力推在大灣區和中國城市設境外投票制度，卻忽現其他海外選民的投票權，怎教人相信不是為了進一步操控選舉？

*本文初稿撰於二〇二〇年十月二十日

原題〈境外投票只容大陸，等於操控選舉〉，刊於香港《明報》

宗教自由與公民社會

宗教靠攏政權的尷尬

研究民主化的學界泰斗亨廷頓（Samuel Huntington）分析八十年代第三波民主化時指出，羅馬天主教在作為公民社會的一員，在波蘭、南韓、菲律賓等地推動民主轉型角色尤鉅。[1]不過，當地方天主教會文化保守、甚至和政權關係千絲萬縷時，可能反過來成為推動民主的阻力。

二〇一九年初，香港天主教教區主教楊鳴章病逝，教區頓失領袖，梵蒂岡數日後直接任命前任教區主教湯漢樞機為「宗座署理」，令教區無需自行選出「教區署理」暫理教區事務。近年中梵談判成為國際議題焦點之一，香港和澳門天主教區基於一國兩制和地緣格局，不免成為中梵的關注點。

香港天主教（下稱教區）在本地的影響力，除了體現在教徒人數、社福和教育機構數目外，也見諸其政治關懷。[2]在二〇〇三年的國安條例本地立法爭議，教區發揮了相當大的影響力：教區主教敢言批判和教區組織的倡議、動員，成為逾五十萬人上街、政府最終擱置立法的重要助

---

1 Huntington, Samuel P. (1993) *The Third Wave: Democratization in the Late Twentieth Century*. University of Oklahoma Press.

2 按天主教香港教區網頁的教務統計，有逾六十萬的永久與非永久居民教徒、二百五十一所教育機構、數十個天主教慈善社會服務單位，和六所天主教私立醫院，足見天主教（下稱教區）對香港社會、政治、文化的影響力。連結：https://bit.ly/2S1Ql0H。

力。基於天主教會的地方體制以教區主教為最高領導，教區主教離世，不只是教會的內部事務；繼任的主教，亦會影響教會在社會的定位，繼而是當地社會、文化以至政治。

近年建制和中共領導多番提出香港要維護國家安全，意味當年教區反對的基本法廿三條立法即將再來。同時，政府把《國歌條例草案》交到立法會審議，這個被坊間視為將表達政治異見刑事化和灌輸愛國主義的立法，直接影響中小學的教育方針，對坐擁二百五十一間教育機構的教區來說，自然首當其衝。

但教區對社會、政治議題的關懷是否積極進取，既視乎領導人（即教區主教）的個人風格，亦要視乎制度結構的限制。教區自殖民地時代以來，一直是政府的合作者。教區填補了政府在社會服務和大眾福利的不足，為市民提供衣食所需、教育和醫療等慈善服務，故上一代嘗言天主教是「麵粉教會」。其政治效果，是教區成為官民出現矛盾時的緩衝；教區和殖民地政府亦成為管治夥伴：政府認可教區的社會功能，提供資源補貼給教會。儘管教區內亦有批判性的組織，不時批評政府的社會政策和管治合法性，但以上「政教合作」的結構也無受到影響。

這個合作結構，在香港主權移交後，似乎更形鞏固。由一千二百人組成來選舉特首的選舉委員會，當中有六十個席位屬於宗教界，由六個主要宗教各擁十席，包括天主教香港教區。按歷史文獻，早在《基本法》諮詢期，教區早已不同意這樣的安排。[3] 雖然教區沒有歸還這「政治特

---

[3] 香港天主教正義和平委員會，《擁抱平等放棄特權：天主教教會與選舉委員會》，二〇一一年。

權」給政府，但亦採取「被動配合」，即教區不參與席位提名的過程，而只為候選人驗證其天主教徒的身分，並將相關名單交給政府以隨機方式選出代表。這種包攬宗教組織進入政治制度的操作，無疑是中共統一戰線工作的一環，教區既不主動配合，也不主動要求放棄，抱持這曖昧的態度，多少和不欲打破和政府長年合作的結構有關。

教區也要面對中國因素的限制。專制政權重視管控宗教，見諸古今中外。在中國大陸，政權一方面以硬手段強拆基督教和天主教的教堂、十字架、禁止未成年者進入教堂，另一方面以統戰手法在宗教組織內另起爐灶，設立三自愛國會管理教會，以抵抗「西方思想」、愛國愛教和國家安全之名，維持政權統治。不過，梵蒂岡並未受到中國宗教自由大力受壓的格局左右，仍然與中共開展有關主教任命權的談判，甚至達成秘密協議。由於談判仍然繼續，梵方基於外交考慮，會否為免刺激中方，而要求香港教會「謹言慎行」？如果北京要在港強推廿三條立法，為了消除香港民間的阻力，除了打擊媒體、反對派，也必然要減低教區的影響力，可能的手段，除了是改變政府和教區長年合作的關係，削弱教區的資源補貼和便利外，就是透過急於達成雙邊協議的梵蒂岡「借力打力」。

從比較歷史角度而言，九十年代前菲律賓、波蘭和南韓的天主教會，是公民社會的同伴，與威權國家處於對抗的關係。但香港教區的歷史，從殖民年代已是政權的合作者。時至今日，教區既要顧忌和政府的關係，也要按教義服從梵蒂岡，加上教區長年以宗教和民族情結的理由以中國和梵蒂岡之間的「橋樑教會」自居，單從教會領導層面來看，確是重重掣肘。

不過，以上分析，僅著眼於教區官方和政府的角力，以及宏觀的政治。在楊鳴章主教的喪禮後，有百多位天主教徒在網上聯署，邀請教區當局正視當前的中港政局，檢視教區在社會的角色和使命。[4]面對種種現實限制，香港天主教會能否能否如當年廿三條立法爭議一樣，和民間社會一同反對侵犯言論、結社自由的法例，我們除了看教區領導的取態，也不能忽視教徒的回應。畢竟，教會和社會一樣，不會單單由領導精英主導發展，基層民眾也有一定影響力。要在教會內培養抗爭靈性，與其寄望上位者，不如由下而上做起。

*本文初稿撰於二〇一九年一月二十日

原題〈香港天主教的夥伴政治與中國因素〉，刊於香港《明報》

[4] 連結：https://bit.ly/3ngnJfL。

迎合威權的天朝神學

宗教體制阻礙抗爭靈修發展的理由，可能是基於其信仰詮釋太過激進，也可能是逢迎政治權威之舉。教會和政治權力糾纏了千百年，到今日仍然是難捨難離。在香港，阻礙信徒發展抗爭靈性的源頭，似乎是來自教會配合政權，發展一套保守甚至維護政權的神學理論。

早在二〇二〇年七月人大的「港版國安法」實施之前，中聯辦已召開「涉港國安立法香港宗教界領袖座談會」，與超過五十位本地宗教領袖會面。其中有二十一名宗教領袖代表在會上發言，表達對國安立法的理解與支持，並指「宗教界作為香港社會的重要一員，將結合宗教教義，配合國安立法在港宣傳和實施，繼續為社會發揮積極作用」。[1]

到同年八月，天主教教育事務主教代表發通告給全港天主教中、小學的校監和校長，提出要「防範校園政治化，不讓校園成為任何人單方宣傳政治訊息，或表達政治立場或訴求的場所」；亦要「促使學生正確認識已分別由今年七月一日及六月十二日起實施的《港區國安法》及《國歌條例》，提高學生對國家安全和守法的意識，能認識和尊重國旗、國徽及國歌，以及依循天主教的社會訓導，培育他們對國民身份認同的正確觀念。」[2]一個月後，教育事務主教代表再次發出

1 〈中聯辦召開「涉港國安立法香港宗教界領袖座談會」〉載於大公報，二〇二〇年六月二十二日。

2 〈天主教教育事務處通告校監校長 回應教育局重建校園生活呼籲〉載於《公教報》，第三九九一期，二〇二

一份「關於教區學校新學年開課的備忘」，重申要「重學校應提高學生守法的意識，增進他們對國家的認識，並依循天主教的社會訓導，培育他們成為良好的國民及公民」。[3]宗教辦學團體積極回應國家的邀請，在校園以「天主教的社會訓導」推動國安和守法教育，震驚不少信徒，紛紛在社交媒體大肆批評。不過，這倒令筆者想起一件往事。

二〇一八年，筆者在羅馬參與一個由宗座額我略大學和香港原道交流學會合辦的「基督宗教在中國社會」研討會。梵蒂岡外交部長Paul Richard Gallagher、當時的教廷駐港代辦和一位中國大陸的合法主教、北京控制的中國主教團副主席楊曉亭亦有出席會議，令會議添上一層外交色彩。

在兩日的會議，不少來自中國大陸的學者，引用漢語神學家的觀點，嘗試建構宗教「中國化」及其政治視野的論述資源，到最終就是為了適應、正常化中共管理宗教的做法。這群學者積極建構一套神學思想以正當化「中國化」，基督宗教要服從中共的政治領導，以思想論述，為三自愛國教會和中共管治宗教的手法提供正當性和教義上的合法性。這些神學家的理論，固然令人嘆為觀止，但重點是他們的立論均不離開官方治理宗教的主旨，即在二〇一六年十二月由中國天主教愛國會和中國主教團發表的《推進我國天主教堅持中國化方向五年工作規劃（2018-2022）》。

〇年八月十六日。

3 子路，〈請不要將天主教學校推下火坑！〉載於「天主教信友平台」臉書專頁，二〇二〇年九月四日。連結：https://bit.ly/3dOfy7b。

該文件指出，天主教中國化的主要目標之一，是「在教會內提升對堅持我國天主教中國化方向的認知和認同，推進我國天主教與社會主義社會相適應，」；內涵則包括「堅持我國天主教中國化方向，須在政治上自覺認同。熱愛祖國，服從國家政權，是每個基督徒的責任和義務。政治上認同，核心是自覺接受中國共產黨領導，擁護社會主義制度，維護憲法法律權威、社會民族團結、祖國統一」以及「加強理論研究和實踐探索，弘揚教會道德、訓導中與社會主義道德和法治相契合的內容」。[4]

這套將宗教教義結合服從政治主權的思想，承接近年大陸政治思想擁抱新國家主義（neo-statism）、以大清帝國治理模式為參照的「天朝主義」視野，可稱之為「天朝神學」。

當我們比對大陸的天朝神學，和香港教區學校強調要結合天主教倫理和社會訓導去提高學生對國家安全和守法的意識、培育國民身份認同的正確觀念時，不難發現，其方法同樣是透過教義，為國民身分和港版國安法建立正當性與合法性。

對於天主教會的領導層來說，這做法似乎是必須的。只有這樣做，才可以維持教會和政府的「良好關係」。

自殖民年代起，教會憑藉政府的許可和提供便利資源，在香港興辦教育、醫療和社會服務，補足了本來應由政府承擔的社服和教育功能，成為政府和社會之間的緩衝。可以說，香港的天主

---

[4] China Law Translate. (2019) “Five-Year Work Plan for Advancing Adherence to the Direction of Sinification of Catholicism in our Nation (2018-2022)” 8th August. <https://bit.ly/3aEs1Zg>

教會是殖民政府的共謀，甚至是殖民主義的一環。保持這套政教關係，前提就是要教會減少批評政府，才能獲得更多傳教的資源。儘管教會內亦有積極的社會行動單位，但它們只是「核心的外圍」和「核心外圍的外圍」，無法影響教會領導的決策。反而是教會領導層「管束」的對象。

當我們比較其他國家的天主教會，比如活在非民主政體下的菲律賓、南韓和波蘭的教會，會看到它們的信徒和牧者在推動民主化、保障宗教自由、保護抗爭者的歷史之中均為人所稱道；國安法實施後，亞洲主教團協會主席貌波樞機兩次呼籲全球基督徒為香港和中國祈禱。他指「國安法本身無可厚非。每個國家都有權立法，以保障國家自身的安全，但立法的過程也應均衡地保護人權、人性尊嚴以及基本自由」；他亦憂慮國安法對「顛覆」、「分裂」及「勾結外國或者境外勢力」的空泛定義，可能會令教會的教理講授被審查、燭光守夜祈禱被控罪，以及舉行禮儀的地方被視為提供抗議者庇護或援助的場所。[5]

然而，在香港的宗座署理湯漢樞機，對國安法反應正面，二〇二〇年六月向媒體表示人大就國家安全為香港立法是「可以理解」，並「相信國安法不會影響宗教自由」、「香港教區與梵蒂岡的聯繫，應視為內部事務」、「事實上中梵已有友好交往，且我們教會所著重的是靈性及教友牧養」。[6]但在國安法實施後，湯樞機一方面發信予神職人員，明言講道不得傳達講道者對某社

5 貌波撰、葉泰浩譯，〈「中華人民共和國國家安全法在香港特別行政區實施」緬甸仰光總主教貌波樞機（Charles Maung Bo）呼籲為香港祈禱〉，載於《鹽與光》，二〇二〇年七月二日。連結：https://bit.ly/3tPmczG。

6 〈湯漢樞機談國安法 著重教會合一與牧養〉載於《公教報》，第三九八四期，二〇二〇年六月二十八日。

會或政治的見解；[7]另一方面又叫停天主教正義和平委員會在報章刊登「為香港頒布國家安法後的民主發展祈禱」的祈禱文，表明不贊同禱文內容。[8]這些舉措除了被視為寒蟬效應的延伸，也可能是為中國政府和梵蒂岡簽署新一輪秘密協議鋪路。

教會的教義，當然有一套對社會政治的見解，比如天主教社會訓導的「優先關愛貧窮人」原則，就要求教會與受壓迫的、在經濟、政治權利和心靈上貧窮的人為伍；一份世界主教會議的文件亦明言，「假若教會看來與富有的和有權勢的人連成一氣，他的公信力便會減少」。[9]

在國安法的新常態下，教會要適應的，不應只聚焦如何回應政權的要求以保存「地上的王國」，更重要的，是在昏暗的時代，為渴望光明的人提供指路明燈，讓人經驗到「地上的天國」。畢竟，宗教生活不能與公共生活分開，否則宗教就如馬克思所講，是人民的鴉片了。

*本文初稿撰於二〇二〇年九月八日

原題〈天朝神學、殖民主義教會與國安法〉，刊於香港《明報》

7 連結：https://bit.ly/3sNwDm6。
8 連結：https://bit.ly/3xhgetD。
9 一九七一年世界主教會議《世界的公義》第四十七段，連結：https://bit.ly/3tP1Nuy。

中梵協議侵犯宗教自由

二〇一八年初，中梵關係的新聞鬧得沸沸揚揚。外媒早前報導，梵蒂岡要求兩位在中國獲教宗任命的合法主教讓位於中國官方認可的非法主教。教廷雖無正面回應，但後來多份外媒引述梵方消息人士，指要求合法主教讓位的安排獲教宗首肯，中梵雙方亦將在春季達成任命主教方法的協議。

綜觀各方報導，所謂中梵協議並非建交，卻反映了中國天主教會的未來仍然是佈滿陰霾。它不意味著中國天主教會能更自由發展，更不是一個「袋住先」的方案。

中國大陸天主教和境內其他宗教或慈善組織一樣，最大的困難是缺乏實質的宗教自由。宗教自由不止於信友能免於國家阻撓參與、舉辦宗教活動和表達信仰。聯合國人權委員會在《第22號一般性意見》（General Comment No.22）中闡釋「思想、良心和宗教自由」（《公民及政治權利國際公約》第十八條）時亦指出：「宗教或信仰的實踐和教義包括與宗教團體進行其基本事務不可分割的行為，例如選擇其宗教領袖、牧師和教師的自由、開設神學院或宗教學校的自由、以及編制和分發宗教文章或刊物的自由」（第四段）。由此可見，宗教自由除了關乎信徒能否自由地參與聚會禮儀和透過媒體傳教外，更包括教會組織是否自主、教會的神職人員能否接受教育、教會能夠按教義規定選擇宗教領袖等等。

中國政府名義上「獨立自辦」的宗教政策，破壞天主教教義，實質是「重重操控」。政府控制大陸天主教的方法，宏觀層面除了體現在國家宗教事務局控制主教任命過程，也在新修訂的《宗教事務條例》和近年通過的《境外非政府組織境內活動管理法》兩項法規。前者以「宗教中國化」為名，把監管宗教組織運作、捐款和網上傳播抓得更細緻嚴格；後者則以國家安全為由，規定境外非政府組織不得在大陸境內「非法」從事或資助宗教活動。政府透過這些法律規條和行政機關，就能在宗教領域掌握全面管治權。

在地方層面，政府透過「中國天主教愛國會」（愛國會）控制公開教會團體的財產、出版、行政、人事選拔與任命等實務。專權政府組織名目上是自主自辦的組織來滲透、分化和管控公民社會，並非新事。故宗教自由的實質「戰場」，其實是為政權服務愛國會。縱使中梵訂立任命主教協議，如不牽涉愛國會的存廢，宗教自由難言寸進。

梵蒂岡消息人士形容，任命主教的協議仍然使中國大陸教會猶如「籠中鳥」，但會盡力擴大「鳥籠空間」。讀者身處香港，必定心有戚戚然。政權意欲削弱香港宗教自由和組織自主，實在有跡可尋：二〇〇三年的國安法爭議點之一，就是草案要求包括宗教在內的組織切斷和外國組織的連繫；對天主教而言，就是要和梵蒂岡脫勾；二〇〇四年，香港政府推動《校本條例》立法，透過具有「民主成份」的法團校董會，沖淡辦學團體在學校的影響力，變相削弱辦學團體的自主權。時為陳日君樞機領導的香港教區提出司法覆核，終在二〇一一年敗訴。翌年，政府試圖在全港學校強推國民教育，法團校董會的設計和中共多年在民間累積的統戰網絡，為國教入校大開方便之門。今日看來，亦和中方對港宗教和民間社會的政策不無關係。二〇一五年的政改，政權以不同渠道威迫利誘港人「袋住先」，接受人大八三一決定，最終無功而還。

政改爭議，表面上和中梵協議風馬牛不相及，但兩者皆反映中共對牽涉管治權的問題，絕對是寸步不讓，亦反映了中方喜以「殘缺」自由為誘的政策：香港政改方案是有投票權而無實質政治權利（缺乏被選和參選權）；中梵協議也可以是缺乏實質選擇權和教會組織不受干預的權利。除非中國政權本質出現突變，否則這「鳥籠協議」，不會是「袋住先」，隨時「袋一世」。

最後，要理解中梵問題，要慎防兩種誤導思維。一，不論港媒外媒還是評論專家，經常將中國內地天主教會放在中梵外交關係的脈絡作分析，後果是掩蓋了天主教會以至基督信仰在中國面對的核心問題，即能否享有實質的宗教自由。第二種是「放長雙眼睇」的態度。歷史經驗反映教會面對政權而妥協，或天主教會對人類文明發展其實有功有過。我不是歷史學家，鑑古知今，不等於鑑古而抽身。宗教信仰的力量，讓信者有能力活在當下，體會人類的苦難。聚焦高層的外交框架和抽離的歷史視野，容易令人對遭受宗教迫害和缺乏組織自主的教會和教眾，以及所有政治打壓的弱勢社群產生疏離感，甚至會忘記他們無法實質活出良心、思想和信仰自由。

中梵協議衝擊的對象，不單是推動宗教自由的國際社群，更是在中港澳一直堅持良心和信仰自由、拒絕接受國家控制的門徒。二〇一八年九月，中梵兩國終簽訂有關任命主教的密約；二〇二〇年雙方續簽協議。但在二〇一八到二〇年間，中國的宗教自由有減無增，政權打壓地下教會、迫令神父主教加入愛國會、禁止兒童進教洗禮，拆毀教堂和回教寺廟、在新疆大規模興建儼如集中營的「再教育營」，強制維吾爾族人放棄宗教信仰與族群文化，震驚全球。面對香港和白羅斯的反威權運動，教廷一是迴避，一是直接與當地政府連枝。

中梵協議，其實是對教會堅持宗教和良心自由的一個反諷。

*本文初稿撰於二〇一八年二月四日

原題〈中梵協議的兩個不是〉，刊於香港《明報》

自由世界與威權國度的抗爭

衝出國際的威權主義

研究民主化的學者 Larry Diamond、Marc F. Plattner 和 Christopher Walker 在其編著《威權主義走向全球：對民主的挑戰》（*Authoritarianism Goes Global: The Challenge to Democracy*）一書指出，在蘇聯倒台後一度出現的全球民主化，在二千年中葉起出現轉變，開始有政權反擊民主浪潮，以嚴刑峻法和監控技術等措施限制公民、社運人士、民間組織和媒體的表達自由和獨立自主。而且，它們在本國擴張威權政治之餘，亦將其策略輸出海外，將威權政治延伸到國際層面。[1]根據編者們在二〇一四到二〇一五年的研究顯示，威權主義衝出國際的原因之一，是由於各威權政府愈來愈懂得相互借鏡、合作以至行動，挑戰主張自由人權的國際秩序，在國際層面抑壓民主。當中，尤以中國、俄羅斯、伊朗、沙特阿拉伯和委內瑞拉「五個老大」（Big Five）為諸威權國家的旗手。

此書編者認為，這五個「威權老大」正在發展一套有別自由民主國家的「軟實力」（soft power），在區域和國際間推廣威權政治的價值和文化。首先在論述上，威權國家強調國家安全、文明多樣性和傳統價值，藉以否定民主是普世價值、試圖以自由民主作為基礎的國際規範。

[1] Diamond, Larry, Marc F. Plattner and Christopher Walker Edited (2016) *Authoritarianism Goes Global: The Challenge to Democracy*. Baltimore: Johns Hopkins University Press.

其次，它們立下新法，限制外國資金捐助本國公民社會組織，同時栽培「假自主，真受控」的偽裝非政府組織（pseudo-NGO）和「殭屍選舉監察團」（zombie election monitors），表面虛應國際社會要求改善民主質素，實質掩蓋其掌控民間社會和操弄地方選舉。再者，它們在財政上大力補助國有媒體在海外發展，積極在國際輿論層面推廣一個「另類政治現實」，力陳侵佔他國地域和打壓國內人權正當合理，樹立話語權。最後，威權國家持續審查互聯網，研發並實驗控制網絡空間的技術。它們最初僅運用「防禦策略」，即限制資訊流通；但時至今日，已經反守為攻，透過立法管制私人機構的網絡活動，及以網絡安全和反恐為名，發展不合乎比例的「網路警政系統」。

上述的威權政治操作行之有效，亦和五個「老大」擴張國際經濟影響力有關。過去二十年全球化的影響下，中俄兩國得以藉經濟一體化影響民主國家或初生民主國家的政治事務。它們和一眾不民主國家合作，在聯合國、歐洲議會、歐洲安全與合作組織等受國際法規範的組織試圖沖淡重視人權、自由、民主的特質，甚至自行發展國際組織如上海合作組織和歐亞經濟聯盟，藉以推廣有利威權政體的國際關係。

中國是本書其中一個研究對象。中國奉行一黨專政，在獲得經濟成就的同時維持威權管治，網絡監控和打壓異見技術到家，成為了不民主政體仿效的對象。在軟實力層面，它透過中國中央電視台在海外廣播，宣傳其管治成功，淡化關乎中、港、台的負面報導，藉以擦亮中國的國際形象。同時，中國在全球逾百個國家或地區建立上千個孔子學院或孔子課堂，「教授中國語文和文化」，並使外國人認為中國政治、經濟、社會發展穩定上揚。在外交層面，中國透過外交支援、經濟援助和投資機會，輸出威權政治，和志同道合的政權建立夥伴關係。「一帶一路」的發展，除了改善沿途國家的經濟基建，亦是中國藉以拉攏各國建立、支持威權國家發展。此外，中國政府積極催生和供養不少「非政府組織」（government-organized non-governmental organization），它們參與聯合國的人權審核機制，為中國人權問題代國家辯護，甚至騷擾批評中國侵犯人權的社運人士和民間組織，意圖對沖國際人權論述，阻止國際機構審查中國的威權打壓。

威權政治國際化，對我們有什麼啟示呢？筆者認為有至少兩點。第一，威權政體於國內精於以法管治，國外又擅長以經濟輸出威權政治文化，在國際平台更巧妙地裡應外合，和其他威權國家及「非政府組織」抵制自由民主國家的固有規範。故今日了解威權政治，再不能單靠檢視一國的政府和社會關係，而要有政治經濟學和國際政治的視野與分析。例如，認識中國發展「一帶一路」，倘若純粹從經濟增長或基建效益著眼，只會見樹不見林，忽略中國以至其他威權國家輸出其政治操作、文化和價值的影響。

第二，可能有人會反駁，上述研究結果深具冷戰思維，強調中西之分、民主與威權的對立，否定中國的獨特性云云。然而該研究所反映是，中國的威權政治並非獨當一面，而是和其他主要的威權國家如俄國、伊朗等互相學習的結果。所謂「天朝中國」，雖然在修辭上別樹一幟，但在實質管治和外交上，都是以淡化自由民主政制和強調國家安全、監控個人和社會活動為依歸。我們身處香港，對中國政治尤其是十九大的影響，固然有強烈的興趣和實質的重要性；但過分吹噓、放大中國發展的特殊性，容易忽略中國和其他威權國家的相似性。

中國大陸不止影響香港，它和其他威權國家也逐漸連成一氣，影響全球政經格局。在威權政府互相借鏡的同時，活在威權政體下被打壓的公民和民間組織，亦應彼此學習，掌握政權操作的規律異同，而非獨善其身、孤軍作戰。

＊本文初稿撰於二〇一七年十一月三日

原題〈衝出國際的威權主義〉，刊於香港《明報》

假民主與真選舉

近年不少政治學者指出民主退潮，已為態勢。民主倒退，不一定是因為沒了選舉。諷刺的是，當全球各國的愈來愈多政治選舉，世界卻愈來愈不民主。

兩位政治學者Nic Cheeseman 和 Brian Klaas 撰寫的《如何操縱選舉》（*How to Rig an Election*. Yale University Press, 2018），就嘗試解答這個矛盾。[1] 他們的跨國研究指出，具備選舉制度的威權國家透過操控選舉，比沒有選舉制度的威權國家更能延長其統治。兩位作者總結出威權政府製造假民主（counterfeit democracy）的「六大法寶」，包括重劃選區、買票賄選、阻止對手參選，甚至採用暴力手段、僱用網絡駭客干擾選舉、製造假選票和包裝制度民主來瞞騙國際社會，保持自己在選舉的絕對優勢，同時減低本地與國際社會反彈。

兩位作者指出，威權國家的假選舉有花瓶作用，包裝制度有民主成份，得以繼續領取外國經濟援助；而且，威權國家的選舉有助執政黨培訓新人，鞏固支持者，以及作為領導交替的穩定機制，保持執政黨的活力；更重要的是，如果威權國家取締選舉，反對陣營以至傾向自由民主的中間派和商界能更目標一致，與政權壁壘分明，試圖改變政治體制；相反，當威權政府作出最低限

---

[1] Cheeseman, Nic and Brian Klaas (2018) *How to Rig an Election*. Yale University Press.

度的憲制改革和引進多黨選舉制度，反對派便容易因為共同目標得到局部接納而出現分裂，部分反對派或會選擇與政府合作；或會視其他反對派為對手；聰明的專政者甚至會主動贊助反對黨，務求維持對在野陣營分而治之。

兩位作者認為，要抗衡政權的假民主，就要在三個戰線下功夫。第一條戰線就是選舉本身。政權操縱選舉，本地和國際民間社會需要以更多有質素的選舉觀察組織，考證各種舞弊和影響選舉公正的行為，製造輿論和道德壓力，令選舉制度更有公信力。第二條戰線是國際社會。國際社會不能單靠前宗主國發聲，而需要更多國家口徑一致，批判甚至制裁實行假選舉的威權國家，一方面施壓威權政府，另一方面為反對派和公民社會打下強心針。然而，國際社會必須言行一致，不可雙重標準，例如不能批評津巴布韋重劃選區的同時，對美國州份的同樣操作視若無睹。第三條戰線是本國的反對黨和公民社會。反對陣營面對政權的分化技倆，需要更有組織、更有智慧和創意，利用科技達致充權，例如二〇一六年加納的選舉，在野黨活用專為大選設計的手機程式，收集有別於政府公佈、更為準確的選舉結果，令選舉委員會無法向公眾說謊，最終公佈執政黨落敗。

本書的分析，有助我們反思香港的政局。香港政府在二〇一八年透過選舉主任裁定九龍西補選參選人劉小麗的提名無效，二度「DQ」劉氏參選議會的資格，成為自二〇一六年立法會選舉以來，第九名基於政治主張而被取消參選資格的香港市民；加上政府重前建議重劃區議會選區、取締政治異見政團和驅逐外國記者出境等手段，反映出香港政府愈來愈懂得以弄權來凌駕法治，削弱本有的自由權利和局部民主的選舉制度。不過，民間社會仍可在上述三條戰線發揮。近十年民主陣營離離合合，確令不少關心民主運動的民眾為之可惜。民主派如何完善有公信力的合作機制，重新凝聚支持民主的市民，固然是核心問題。但我亦留意到民間已興起自發監察選舉和連結國際民間團體的工作，可見香港的民主運動在威權壓境下，仍然具有活力和韌性。

兩位作者在書末提出了一個核心問題：面對威權政治和假民主蔓延，民主選舉是否仍然可能？我們仍值得去捍衛真選舉嗎？他們認為，儘管客觀的全球政治情勢令人洩氣，但真正體現政治平等的民主選舉仍有價值。客觀數據上說，民主社會仍然比威權政體來得富裕，其原因仍然植根於真誠的選舉制度；從價值層面而言，有高質的民主選舉，才能讓每個公民對影響自己生活的公共事務有實質和具意義的決定權。面對全球威權化浪潮，民眾對假民主感到沮喪，確可理解；但沮喪失望，不必要把放棄爭取真選舉劃上等號。香港的在野和民間力量，仍有空間結合不同戰線，以理性討論和有策略的行動，將政權營造操縱選舉的手段「陽光化」，不要默默接受假民主作為常態，並鞏固社會大眾對真選舉的重視和追求。

*本文初稿撰於二〇一八年十月十二日

原刊於香港《明報》

在侵蝕民主的年代抗爭

二〇一八年下半葉，兩位憲法與政治學者 Tom Ginsburg 和 Aziz Z. Huq出版《如何拯救憲政民主》一書。[1]兩位開首評論港人戲稱「侵侵」的特朗普（台譯川普）當選美國總統，帶來人權和民主倒退，追問今時今日，憲政民主如何受到威脅？憲法又能否緩和威脅，抑或增加反民主人士的氣焰？

他們首先定義自由憲政民主必須包括（一）自由和公平選舉，保障政治平等；（二）有言論、集會和結社自由權，確保選舉制度做到真正有競爭；和（三）有恪守法治的行政官僚執行選舉，以免當權者壟斷選舉法例和過程。他們觀察到，今日全球憲政民主的危機，不在於民主政府突然倒台或軍事政變，更多在於民主被侵蝕（democratic erosion）：維繫自由憲政民主的根本結構逐步被蠶食，令民主制度演變成半民主半獨裁的混合政體。例如當政者攻擊、侵害言論和結社自由、阻止某類人士參選，甚至民眾對選舉政治冷感，都是侵蝕民主的動力。

兩位作者指出，要拯救自由憲政民主，固然要從修憲、制憲著手，引入更多有效保障選舉公正和公民權利的法例和制度，例如引入憲法修正案、獨立的選舉委員會、設立憲法法院、甚至

---

[1] Ginsburg, Tom and Aziz Z. Huq (2018) *How to save a constitutional democracy.* Chicago and London: The University of Chicago Press.

以議會或半總統制取代一人獨大的總統制。不過，他們強調，缺乏追求民主、參與公共事務的公民，改革制度也是枉然。唯有公民對公共和政治事務有承擔、法院能夠捍衛民主制度、政黨願意力挽狂瀾，才能抵抗侵蝕民主的浪潮；組織民眾、接觸民眾、與民眾結盟，積極參與選舉動員等等，是不可或缺的抵抗之途。畢竟，民眾和精英對民主無承擔的話，民主制度必難長久。

美國哥倫比亞大學的跨國女性主義學者Janet Jakobson在香港中文大學一場講座分析，特朗普當選前後的公開論述和倡議政策前後不一，缺乏連貫性：一方面意圖終結美國新自由主義濫觴的方針，另一方面又極力排斥移民等飽受新自由主義之苦的邊緣群體。特朗普又到處「點火頭」，挑戰美國傳統價值之餘，亦加速國內的分化；但特朗普製造亂局和維持論述的割裂，更鞏固了他的權力。[2]

的確，傳統上獨裁者往往以一套完整、連貫的意識形態來維持統治權威。但特朗普「打亂章」的風格，雖成眾矢之的，但「反侵者」又無法藉「反侵」團結到不同階級和利益群體，反而鞏固了支持右翼民粹主義的民眾為特朗普撐腰。右翼民粹對民主的傷害，體現在削弱政治多元平等的環境。性當把權者和右翼民粹連成一氣，貶損、敵視移民、黑人和女性，壯大白人至上的意識型態，只會加劇政治、經濟和社會不平等，民主制度更可能不再保障少數權利，淪為「多數暴政」。

---

2 該會議題目為「性別、性與公義：在不確定時代的抵抗」（Gender, Sexuality and Justice: Resilience in Uncertain Times），在二〇一八年十二月七日於香港中文大學舉行。連結：https://bit.ly/2PiJleK。

不過，Janet Jakobson 認為，處於弱勢的小眾群體在特朗普和他毫無連貫邏輯的管治下，仍能在瑣碎、不顯著以至充斥不平等的日常生活，進行社會抵抗和帶來改變。例如社運人士、小眾和邊緣群體提倡「無人可以被拋棄」，以此作為爭取社會公義的運動論述，在底層頂住新自由主義以至「侵侵路線」對社會的衝擊。「無人可以被拋棄」不一定要發展成一套完整的道德論述，因為愈整全的道德論述，最終也會因其封閉性排斥某些社群。在多元開放與統一封閉的張力下建構運動論述，是社會運動者所要面對的挑戰。

Ginsburg 和 Huq 的著作與 Jakobson 的演講，表面上風馬牛不相及，卻能融會貫通。該書和演講的背景，是特朗普當選美國總統，「顛覆」了美國政治和民主制度。三人的關懷，是美國人可以如何回應這新時局。Ginsburg 和 Huq 的進路是憲政改革和民眾積極參與包括選舉動員的政治行動，阻止民主和人權狀況進一步倒退；Jakobson 的回應，是社會運動要繼續團結邊緣弱勢，在日常生活中力抗政治和經濟的壓迫。而且，三人均強調，他們的倡議，並非僅僅針對特朗普主政。Jakobson 在問答環節強調，與其花精力思索如何走出「侵侵」的陰霾，不如重新檢視在美國長年自由討論政治的局限。Ginsburg 和 Huq 亦指提出憲政改革，是為免美國下一代「享受」道德破產的民主制度。

民主的核心價值是政治平等和保障人權，民主制度受到當權者衝擊，損害公民的政治權利，亦必影響其社會平等，對弱勢社群的傷害尤甚。要拯救民主，一方面毋忘爭取完善制度，免陷倒退；另一方面要更主動令邊緣群體得到公平和平等的待遇，在生活日常活出平權。前人種樹，今人播種，為的是後人收成。促進民主和人權的工作，豈能不放遠目光，緊記有制度的戰場，亦有民間的戰場？

*本文初稿撰於二〇一八年十二月八日

原題〈一本書、一場講座、一個反省〉，刊於香港《明報》

瘟疫之春與人權嚴冬

二〇二〇年，各國政府為了應付新冠肺炎爆發，紛紛採取非常手段，以保障公共衛生之名，宣布國家進入「緊急狀態」。行政機關製造的例外狀態，打破民主政治的常態，甚至製造走向專制政權的四條道路。

第一條道路，就是以打擊「假新聞」之名，縮窄新聞自由和資訊自由。在匈牙利，議會通過《新型冠狀病毒特別法案》，賦予總理歐爾班在緊急狀態下有權「終止憲法」或「憲法法院判例」、終止所有中央和地方選舉和公民投票，直至疫情告終。《特別法案》也修改了匈牙利的刑法，凡妨礙新法執行者，均以「妨礙公務罪」來作量刑參考；如國民公開散布假新聞或不實陳述，更可判一至五年徒刑。雖然《特別法案》列明，當緊急狀態結束時，總理應該把權力交還國會，但法案並沒有明確定義何謂「疫情緊急狀態」結束。可能出現的結果，是佔多數的執政黨和總理將不受監督和掣肘。又如一向在保障人權方面聲名狼藉的菲律賓總統杜特爾特，他以疫情嚴峻為由，得到國會支持通過賦予總統更多緊急權力的法案，明文規定傳播有關新冠肺炎假新聞的國民，可被判監兩個月和罰款。

《聯合國公民及政治權利國際公約》第十九條保障表達自由，「包括以語言、文字或出版物、藝術或自己選擇之其他方式，不分國界，尋求、接受及傳播各種消息及思想之自由」。此條文涵蓋文字、電子或網絡傳媒和公眾尋求、獲得和傳播資訊的權利。即使《公約》亦指國家可以公共衛生為由限制新聞自由，但聯合國就公約的一般性意見亦指出，限制表達自由須對人權侵犯最小。當局必須證明限制是必要和合乎比例。國際社會公認的《約翰內斯堡原則》亦指出，保護政府免於尷尬或掩飾錯誤而隱瞞公共機構運作的資料，不屬於保護國家安全利益，故並非限制新聞和表達自由之合法目的。

官方發布的疫情信息，難道一定是「真新聞」？記者揭發防疫漏洞、民眾自救而索求充分資訊，是自由社會的基本權利，甚至是保障生存權的條件。盲從缺乏獨立渠道認證的官方資訊，對社會傷害可能更大。倘若尋求真相成為墮入法網的源頭，甚至要鋃鐺入獄的話，只會有助當權者隱瞞疫情，對防疫有害無利。

第二條道路是阻止民眾行使公民政治權利，削弱民眾抵抗政府專政的能力。位處北非的阿爾及利亞，政府以抗疫為由，強制中止自去年一直持續、爭取民主改革的抗議行動。在俄羅斯，反對派發起遊行，反對普京意圖打破總統任期限制；俄羅斯政府旋即以疫情為由實施公眾活動禁令。疫情之下，官方執行保持社交距離的措施，無可厚非。但民眾要保持社交距離，不等於全面剝奪民眾聚集、表達政治訴求的權利。例如近日傳遍網絡的以色列示威，民眾依從社交距離的限制，同時集結抗議政府，兩全其美。但全面禁絕各式示威，明顯是政治打壓多於維護公共衛生。

阻遏民眾集會示威，更衍生了警察暴力橫行街頭的惡果。各國在緊急狀態下，紛紛賦予警察部門更大權力處理違反社交距離和宵禁人士。但在不少發展中國家如南非、烏干達和埃及，警察濫權向民眾隨意動武的情況比比皆是。在肯尼亞，國家按公安法賦予警察更大權力執法，可以隨意拘捕、拘留違反防疫規例的民眾，並能任意發出告票罰款。但警權膨脹，演變成隨時施放催淚彈和以暴力對付民眾，警察已變成有如黑幫流氓的合法殺人犯。根據半島電視台二〇二〇年四月十日的報道，肯尼亞宵禁兩星期之內，因警暴而死亡的國民人數，比染上新冠肺炎的人還要多。

第三條道路，就是乘人之危，在民眾運動缺席之下，推行有利當權者的法律和政策。在印度，總理穆迪宣布封鎖全國三周後，突然頒布新法，針對穆斯林佔整體多數的查謨（Jammu）和克什米爾（Kashmir）地區，降低印度人成為當地永久居民的門檻。約九個月前，印度單方面取消克什米爾地區的「一國兩制」，引發雙方衝突。後來印度政府又試圖推出貶低穆斯林地位的公民身分法案，激起全國示威浪潮。印度政府在疫情蔓延下推新法，進一步削弱穆斯林在國內的自主和地位；國民本來可以發動遊行集會，由下而上向當權者施壓，但疫情禁令下，群眾無法動員反抗，執政者就可以任意妄為。

第四條道路，是利用監控科技，深化社會控制。無論是有民主法治保障的國家，抑或是有選舉無民主的專制政權，均動用電子追蹤、人臉辨識等新科技，監視民眾有無違反隔離令和社交距離限制。例如韓國政府，以監控錄像、智能手機的位置數據和信用卡消費紀錄來追蹤新冠肺炎患者的活動，來作監控社區傳播鏈的依據；而在以色列，國安部門使用本來用作反恐而秘密蒐集的國民手機位置，數據追蹤患者之餘，甚至連經過患者身處地的國民也在監控之列。新加坡政府更研發手機程式，要求國民安裝，當發現新患者，政府就能經手機程式記錄的資訊，找出曾與患者接觸的人。該國官員表示，手機程式不會透露用戶之間身分。然而，國家對所有用戶身分，已經一覽無遺。

究竟國家面對醫學不足以制止的疫病，公權力「可以去到幾盡」？早於二〇二〇年三月，聯合國的人權專家已發出公開信，呼籲各國切勿以緊急狀態之名，弄權清除異己和使人權捍衛者噤聲；即使國際法容許國家運用緊急權力維護公共衛生，但行使該權力應是必須且合乎比例、亦不構成歧視個別人士或群體，干預人權的手法亦要維持最低度。到了四月，聯合國和平集會自由權和結社自由權專員亦在官方網頁撰文，提出十項原則，呼籲各國採取措施應對大流行時，不應剝奪和平集會與結社的自由。[1]然而，到底有多少國家會依從這些原則，始終是一個疑問。何況現有的人權公約，並無實質制裁辦法對付違反公約的締約國；締約國之間儘管可以投訴對方違約，但成事與否，終需視乎國際政治走勢，而非純粹的法理依據。

當政治大氣候愈來愈反民主自由、官民關係劍拔弩張，我們身處香港，就更難積極樂觀。香港政府強推防疫措施如「限聚令」，藉警察之手打壓維持社交距離的抗議活動和俗稱「黃店」、支持抗爭者的商戶；在二〇二〇年四月中高調抓捕十五名參與和平集會的民主派人士，又以公共衛生為由禁止五一勞動節的遊行，可見港府緊跟專制政權以法令為武器的大氣候，只是尚未刑事化「散布假新聞」而已。猶幸反修例運動時民眾揭發政府以智能燈柱監控市民的圖謀，否則全城

1 全文連結：https://bit.ly/2QtDofB。

科技監控早已成事。

面對疫情，各國政府伸展緊急權力的長臂到民眾日常生活；在疫情過後，龐大的公權力若不抽身而去，最終只會引來捍衛個人權利和私隱的民眾反撲，社會衝突升溫、公權打壓人權的情況將會更甚。事實證明，二〇二〇年春夏之交，美國爆發大規模的反種族暴力和警察暴力的運動；中國對香港實施國家安全法；吉爾吉斯、白羅斯和泰國相繼爆發反威權抗爭，警察鎮壓更變本加厲。瘟疫之春未了，香港人和世界各國民眾一樣，已踏入人權嚴冬。

*本文初稿撰於二〇二〇年五月六日
原題〈疫情下國際人權狀況——新聞自由與公民自由〉，刊於香港《明報》

結語　步向後極權社會的香港，抗爭之路何從？

在國家機器最前沿的末節與之對抗，必定非常磨人、事倍功半；有沒有在自己的位置上守住自己的信念，不放棄任何反抗／不妥協的空間，是自己要獨自面對的事，而這樣的掙扎，將越來越難被看見；但逐次爭取到的一寸地、一點人心，如果在公共領域消失之下仍能積存下來，就會有機會孕育出下一次意外。

——何桂藍，二〇二一年三月三十一日

卡繆書中的人物西西弗斯犯了罪，受天神懲罰要推石頭上山頂。但去到山頂後，石頭即自動由山頂滾落山腳。但我會欣然地下山，再次從山腳將石頭推上山頂，有如爭取民主、法治、人權和自由一樣，我會緊守崗位，堅持下去，不會放棄。

——楊森，二〇二一年四月七日

何桂藍，三十歲，前記者，二〇二〇年民主派初選勝選人，被控「串謀顛覆政權罪」，被起訴至今一直未獲保釋，在獄中等候審訊。

楊森，七十三歲，大學教授，前民主黨立法會議員，被控在反修例運動期間干犯《公安條例》下參與未經批准集結罪，現正在獄中服刑。

何桂藍和楊森，代表香港至少相隔兩代的民主運動抗爭者，經過二〇一九年反送中運動，何桂藍「除下記者證」，決意投身選舉作為抗爭之途；楊森明知警方禁止和平遊行，仍然站上街頭示威，打破傳統民主派合法抗爭的框框。

何、楊兩人的選擇，證明「抗爭」兩字，在香港不是浪漫的同義詞。今時今日，香港人抗對政權所付出的司法、政治以至經濟代價，是主權移交以來前所未見的。誠然，對比昔日國民黨戒嚴統治的臺灣、今日緬甸軍政府血腥鎮壓示威者、俄羅斯、車臣境外刺殺異見人士、中國大陸的「陽光司法」，香港仍然「低處未算低」。但香港社會在八十年代伊始、對一國兩制、民主自由、港人治港的憧憬，今日完全幻滅，已是不爭的事實。抗爭的重量，也不只是對政治價值的追求，它承載「手足」的血和淚甚至肉軀。反威權、爭民主的抗爭，其實是代價沉重、捍衛人性尊嚴的抗爭。

面對由威權（authoritarian）邁向後極權管治的年代，香港人還有抗爭的選擇嗎？如果有，這抗爭之路可以如何走下去？

本書三輯共六十一篇文章，勾勒香港威權法治的肌理，群眾抗爭的面貌，並反省昔日抗爭的得失教訓。所謂威權法治，並不純是中共社會主義法治移植的結果；英國殖民主義和以納粹法學家施密特為師的法律論述，一直從理論到實踐，鞏固香港法治和律體系的殖民性和壓迫性。由刑事檢控的權力到中國憲法的威權性格，皆直接間接令司法體系和法律意識型態成為迫害反對派、打壓人權自由的場域。不過，壓迫是辯證的，雨傘運動後的威權法治，催生了反送中運動，令香港三十多年來由精英主導的民主化運動，一夕蛻變成全民出動、跨越地域的反威權抗爭。最終，這場逆權運動迫得中共強加國安法和民主大倒退的選舉改制於香港，同樣是一夕之間，香港的法治神話、民主之夢先後宣告幻滅。隨之而來的，是政權推動的司法迫害。民主之夢告終，還有沒有民主運動？本書回顧過去民主陣營內部政治路線是否「寸土必爭」、「團結大於一切」、「議會有用無用」的爭論，反映無論香港有無真正普選，民主運動仍然要面對內部團結、持續公民社會和確立與政權角力路線的挑戰。

國安法通過後的「一周年」將至，即使政權如何自圓其說社會回復平靜，香港已面目全非：和平示威絕跡、異見人士陸續被控違反國安法和公安法；中小學以至幼兒園要開始愛國主義掛帥的公民教育和國安教育；傳媒機構接連被整肅、消音；大學校園的言論自由和學生運動成為校方清理的對象；離港移民人數、轉移資產總額持續上升等等。再加上新冠肺炎全球大流行加劇威權主義蔓延國際，白羅斯、泰國、緬甸各地的反威權運動繼續飽受鐵腕鎮壓，中國的銳實力和西方自由民主陣營對壘又令「新冷戰」成為未來國際關係的主軸，香港在這大時代的漩渦，國際形勢未必再是反抗的東風，始終要靠自己的能耐。

這份「能耐」是什麼呢？我在前言提到，個體的道德力量、庶民的抗爭、公民社會的凝聚力，往往是政治社會和政治文化變革的動力。臺灣政治學者吳乃德曾指出，臺灣民主化的成功，不能只著眼宏大格局，更要聚焦在「人的因素」：不同世代的臺灣民眾和精英，如何前仆後繼創造歷史。何桂藍和楊森不只是抗爭世代的象徵，他們是有血有肉有人性的個體。他們和千千萬萬支持民主、反抗威權的香港人一樣，各自踏出舒適圈，以一己微末的力量負隅頑抗，見證了香港的炎夏寒冬。這份抗爭的能耐，即便不見諸街頭運動，仍可以體現在隱蔽的日常生活。人類學家James Scott的經典著作《弱者的武器》提醒我們，即使活在極度不對等的權力關係之下，受壓迫者不是等待宰殺的羔羊，他們之間有隱蔽的語言和不起眼的行動持續對抗壓迫者和吃人的制度，而這些動作無需在公開場合大書特書，只需同路人心領神會。《聖經》也教導信徒，不要炫耀施捨和祈禱，要暗中行事，才能取悅天父。

保持參與政治以建設理想社會的初心，需要有正視缺失的能力，但亦需要有肯定成果的能力。近年在香港從事反對運動的政治人和社運人，往往認為民眾在雨傘運動後相當無力，對政治愈來愈冷感。在反送中運動爆發前，即使反對派經歷不少政治上的「挫折」，仍有不少民眾在生活日常推動社會進步，例如傘後團體愈加蓬勃、有基層勞工均透過工潮重獲應有待遇。所謂群眾無力冷感，只是硬幣的一面。反送中運動掀起全民抗爭，可能是傘後深耕修成的正果。

我們要扣問的，也許不是抗爭之路何從，而是我們的人生路何從。我們有沒有這種視抗爭為自我修行的覺悟，時刻保持初心，暗中增廣見聞、交朋結友，在不足為人道的日常生活稍稍衝出舒適圈，為因抗爭而受迫害的弟兄姊妹多行一步？

走筆之時，香港政府以觸犯《消費品安全條例》為由，派出過百海關人員，到民主派初選參選人之一林景楠旗下的阿布泰國生活百貨各門市和貨倉，檢走市值近百萬的貨品，並拘捕相關負責的員工和董事。大多數眼睛雪亮的香港人，不難發現政府此舉是為了震懾支持民主運動的中小企業，故搜捕翌日，該百貨各門市出現一列列長長的「人龍」排隊消費，最長的人龍更繞了商場四個圈，甚至綿延到大街。不少受訪的排隊市民表示，他們排隊購物，是為了「做返啲香港人應該做嘅嘢」（做香港人本應做的事）、「大家做嘅嘢未必好大，但每人行一步，對自己社會嘅貢獻就會好大」（大家所做的未必有很大影響，但每人踏出一步，對自己社會的貢獻就會很大）。

我肯定，香港人愈來愈懂得生活抗爭、隱性抗爭，這份頑固的可愛，終會打碎西西弗斯的石頭，孕育出一片新天新地。

威權法治不能蠶食我們的信念，極權社會也無法完全消滅我們的抗爭。民主之路漫漫，讓我們能夠保持勇氣不滅，底氣依然。

二〇二一年四月二十四日

monque pas

Cinq deman

rond l'injustice devient loi
résistance devient un devoir

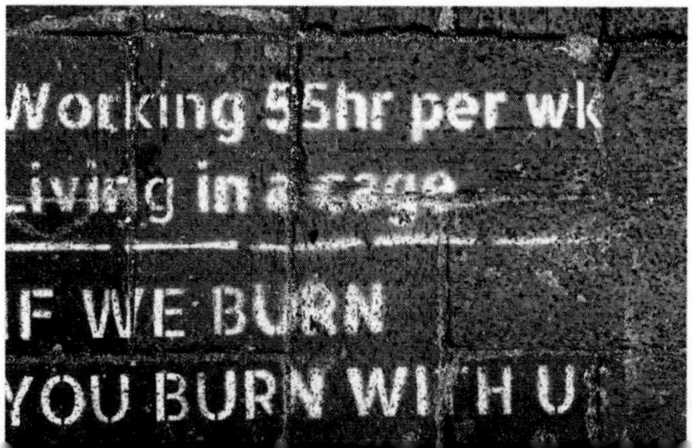
Working 55hr per wk
Living in a cage
IF WE BURN
YOU BURN WITH U

血歷史199　PF0296

新銳文創
INDEPENDENT & UNIQUE

破解香港的威權法治
——傘後與反送中以來的民主運動

作　　者　黎恩灝
照片提供　阿　匡
責任編輯　鄭伊庭
圖文排版　黃莉珊
封面設計　劉肇昇

出版策劃　新銳文創
發 行 人　宋政坤
法律顧問　毛國樑　律師
製作發行　秀威資訊科技股份有限公司
114 台北市內湖區瑞光路76巷65號1樓
電話：+886-2-2796-3638　傳真：+886-2-2796-1377
服務信箱：service@showwe.com.tw
http://www.showwe.com.tw
郵政劃撥　19563868　戶名：秀威資訊科技股份有限公司
展售門市　國家書店【松江門市】
104 台北市中山區松江路209號1樓
電話：+886-2-2518-0207　傳真：+886-2-2518-0778
網路訂購　秀威網路書店：https://store.showwe.tw
國家網路書店：https://www.govbooks.com.tw

出版日期　2021年7月　BOD一版
定　　價　420元

讀者回函卡

Printed in Taiwan

國家圖書館出版品預行編目

破解香港的威權法治：傘後與反送中以來的民主運動
/ 黎恩灝著. -- 一版. -- 臺北市：新銳文創, 2021.07
面； 公分
BOD版
ISBN 978-986-5540-65-4 (平裝)

1.社會運動 2.政治運動 3.法治 4.香港特別行政區

541.45 110010960